へいわってすてきだね

2014年6月23日　初版第1刷発行
2014年12月1日　　第13刷発行

詩　　安里有生
画　　長谷川義史

発行者　若月眞知子
発行所　ブロンズ新社
　　　　東京都渋谷区神宮前6-31-15-3B
　　　　03-3498-3272
　　　　http://www.bronze.co.jp/

装　丁　伊藤紗欧里

印　刷　吉原印刷
製　本　ハッコー製本

Text copyright © 2013 Okinawa Prefectural Peace Memorial Museum
Illustration copyright © 2014 Yoshifumi Hasegawa
Publishing rights © Bronze Publishing Inc.
ISBN978-4-89309-587-9 C8771

造本には十分注意しておりますが、万一、乱丁・落丁本がありましたらお取り替えいたします。

へいわって すてきだね

詩 安里有生（あさと ゆうき）　画 長谷川義史

ブロンズ新社

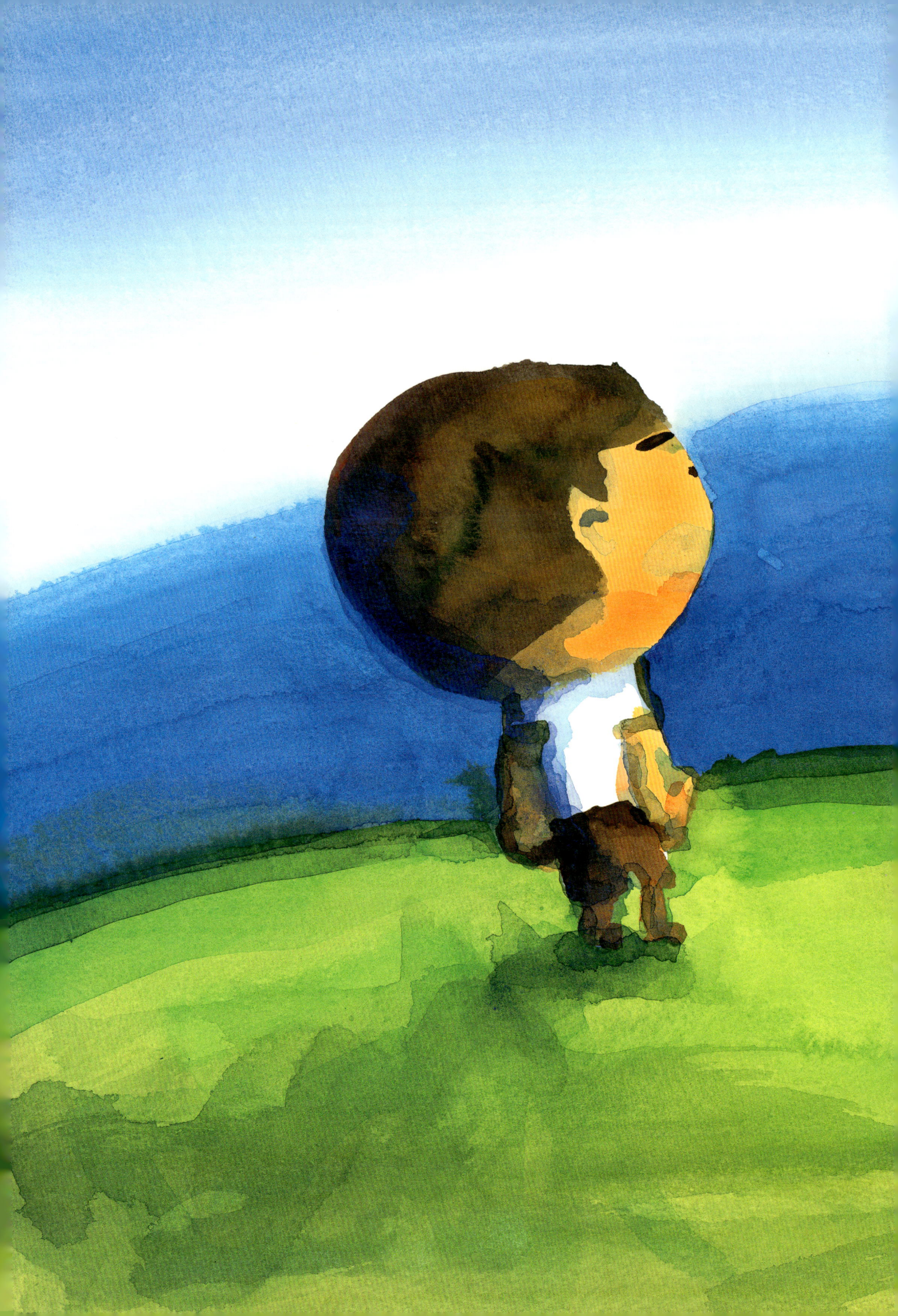

へいわって なにかな。
ぼくは、かんがえたよ。

おともだちと なかよし。
かぞくが、げんき。
えがおで あそび。

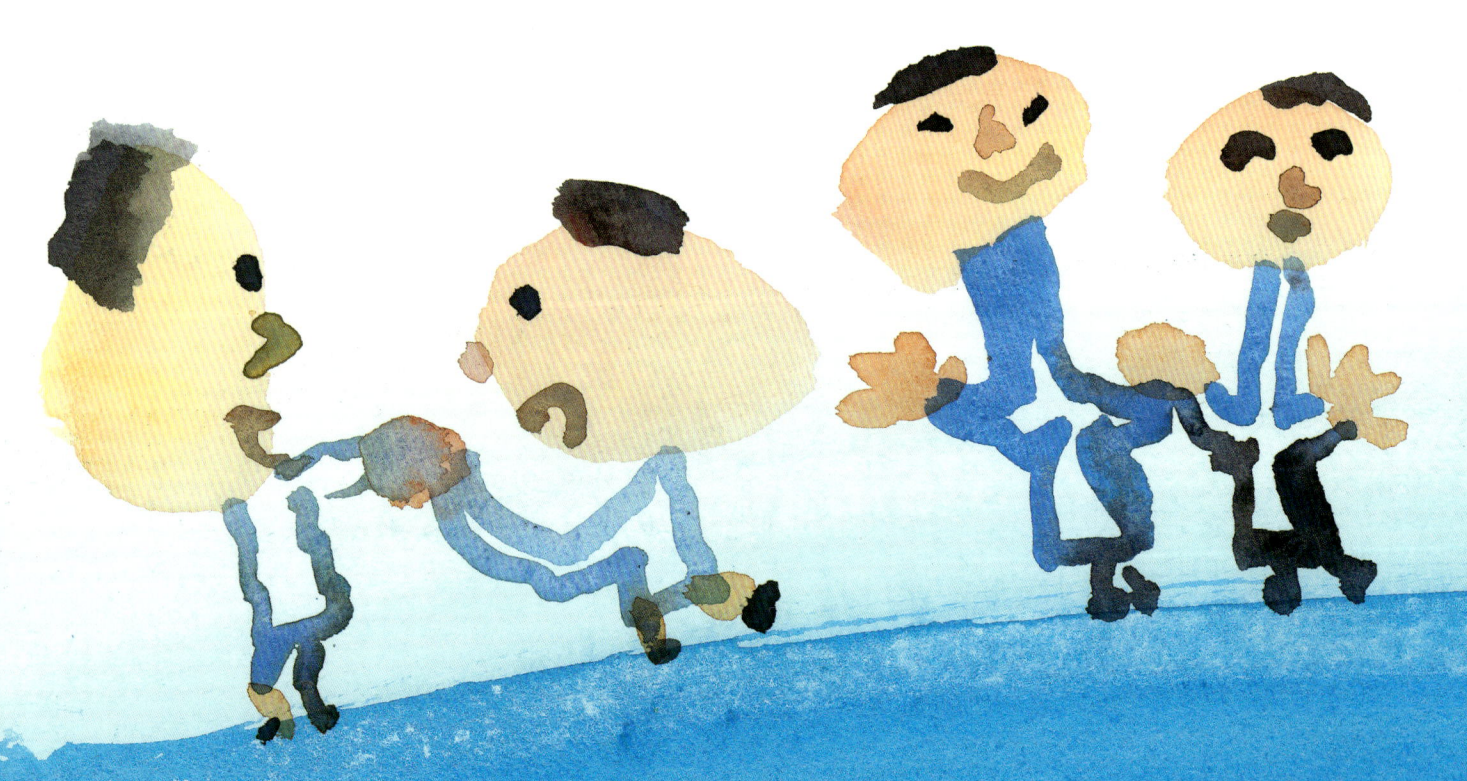

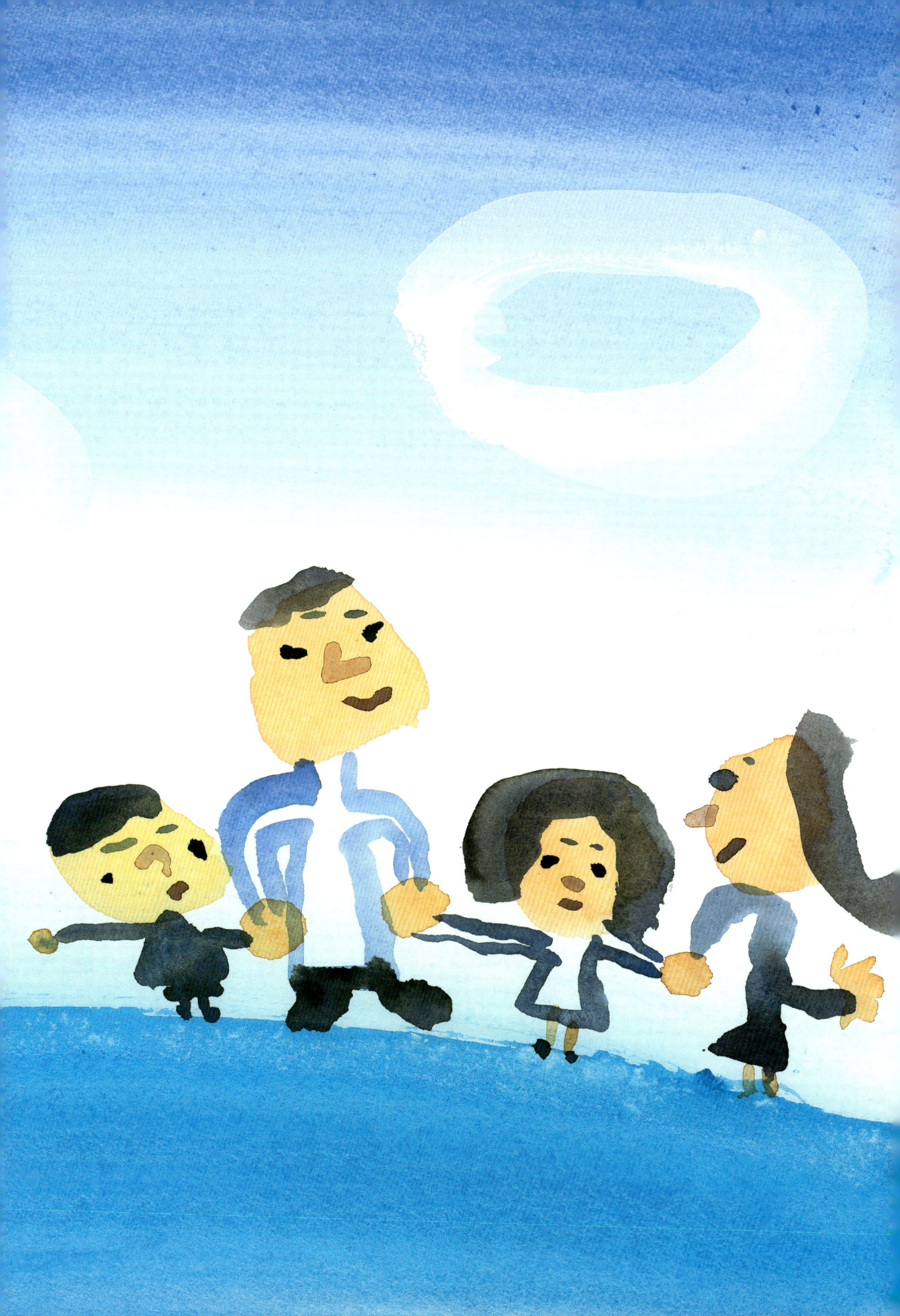

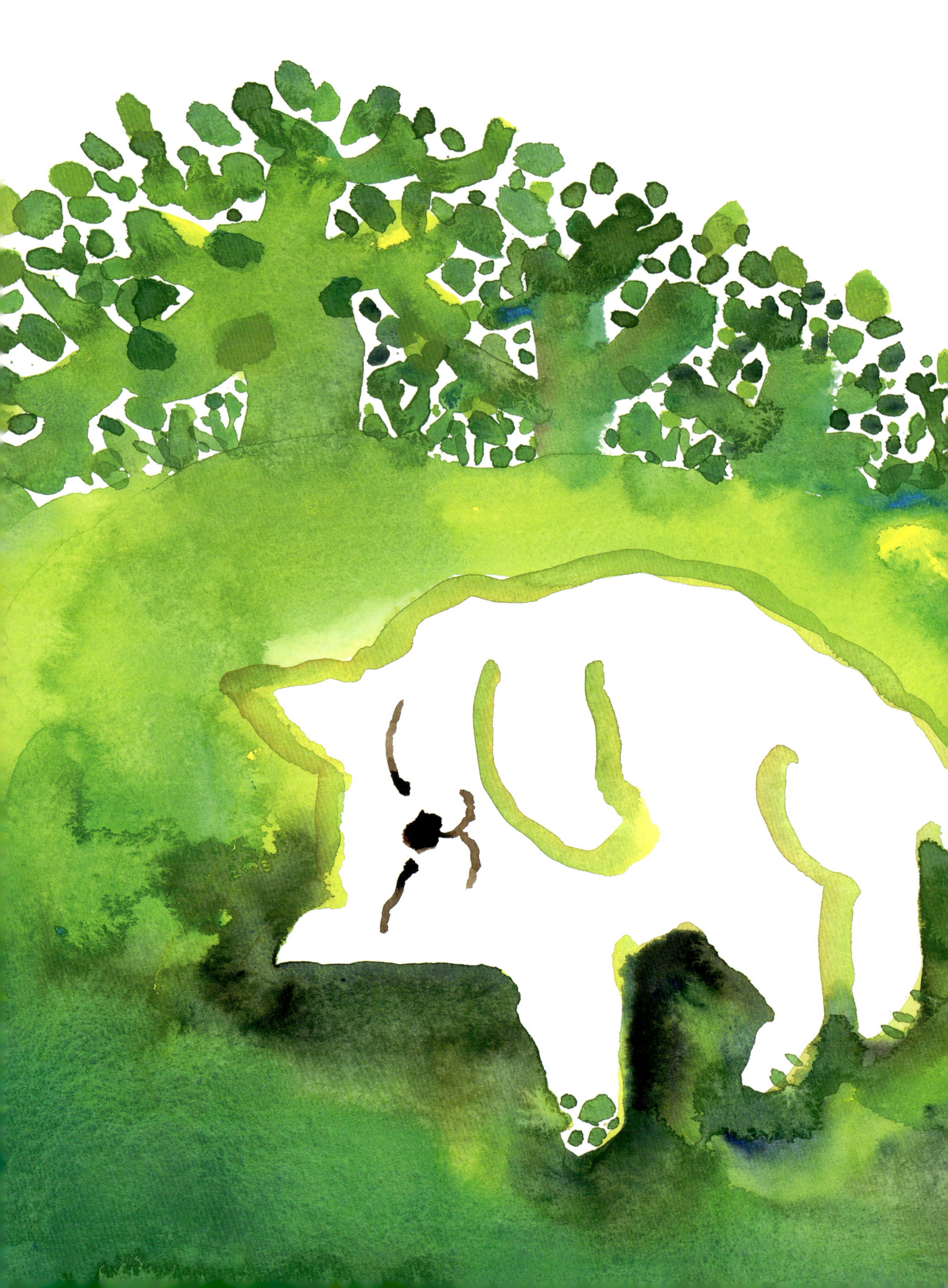

ねこが わらう。
おなかが いっぱい。
やぎが のんびり あるいてる。

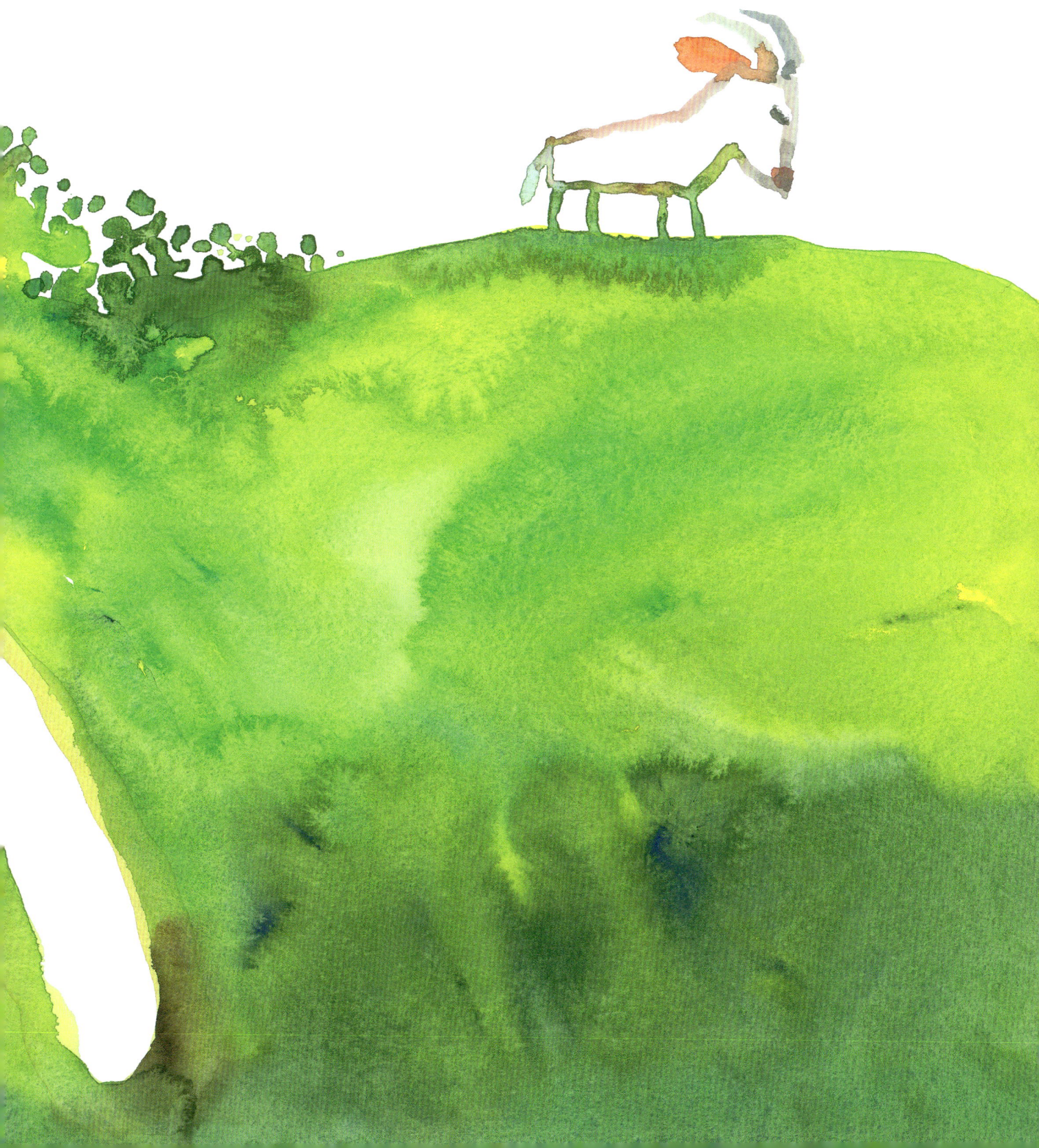

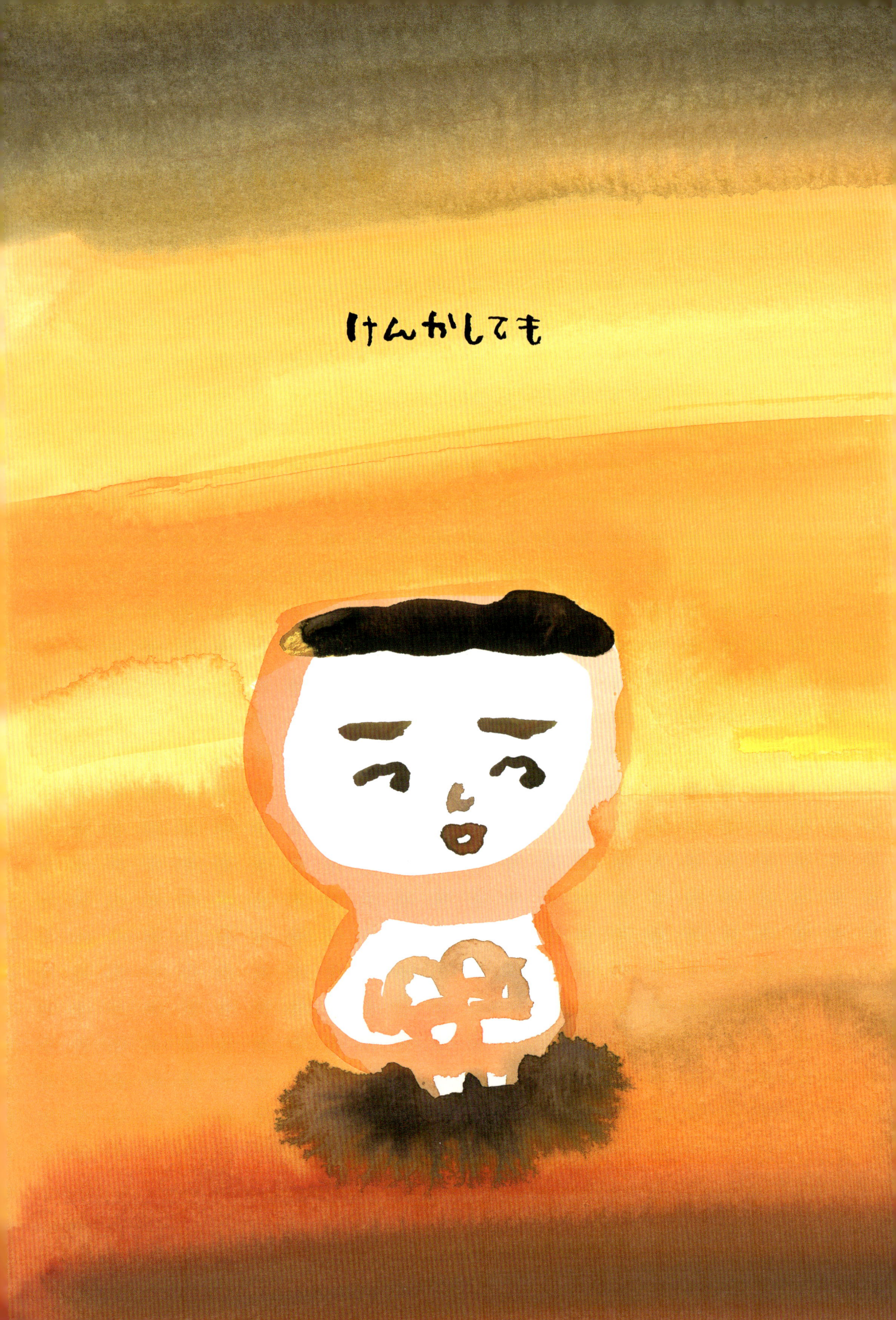

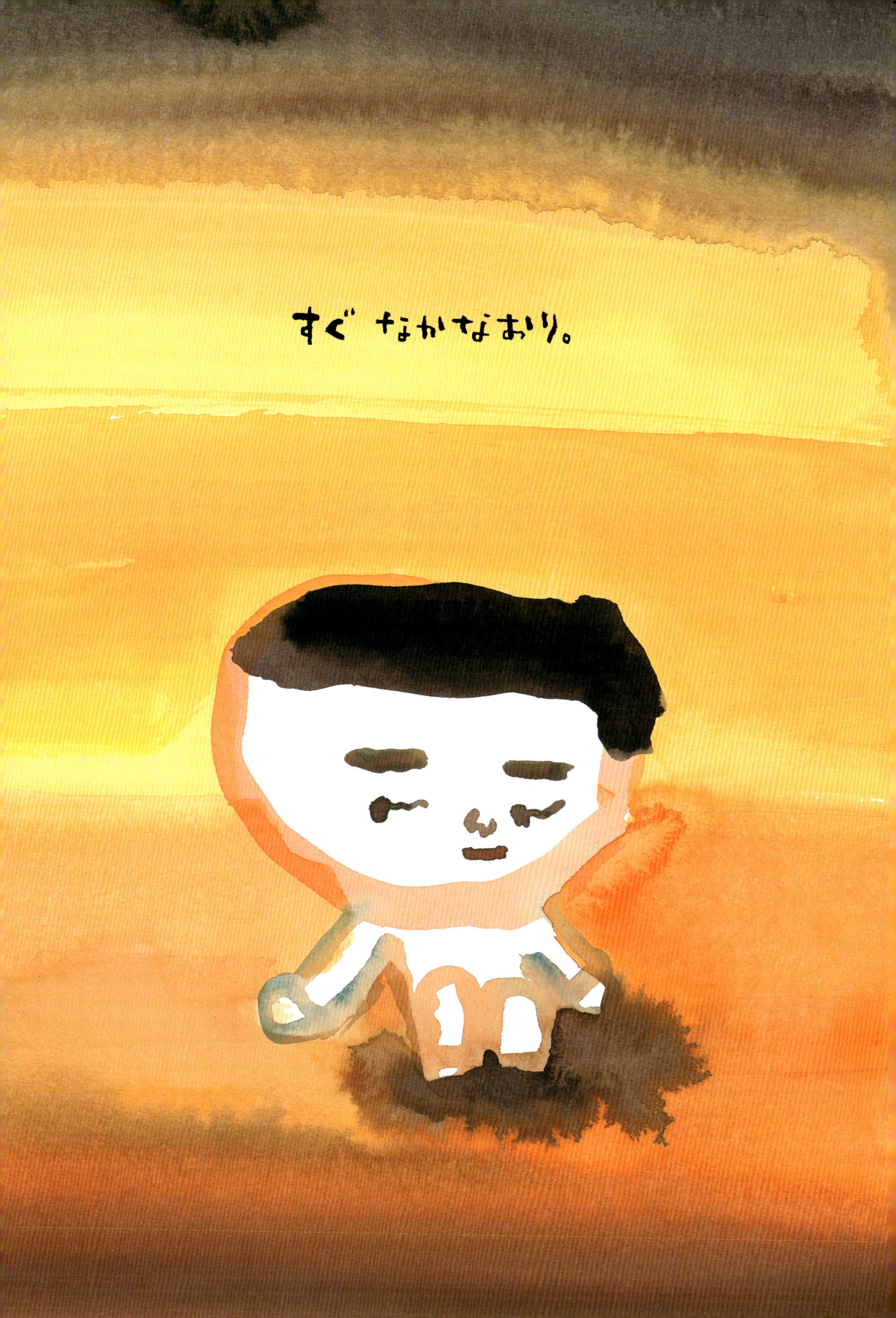

ちょうめいそうが たくさん はえ、
よなぐにうまが、ヒヒーンと なく。

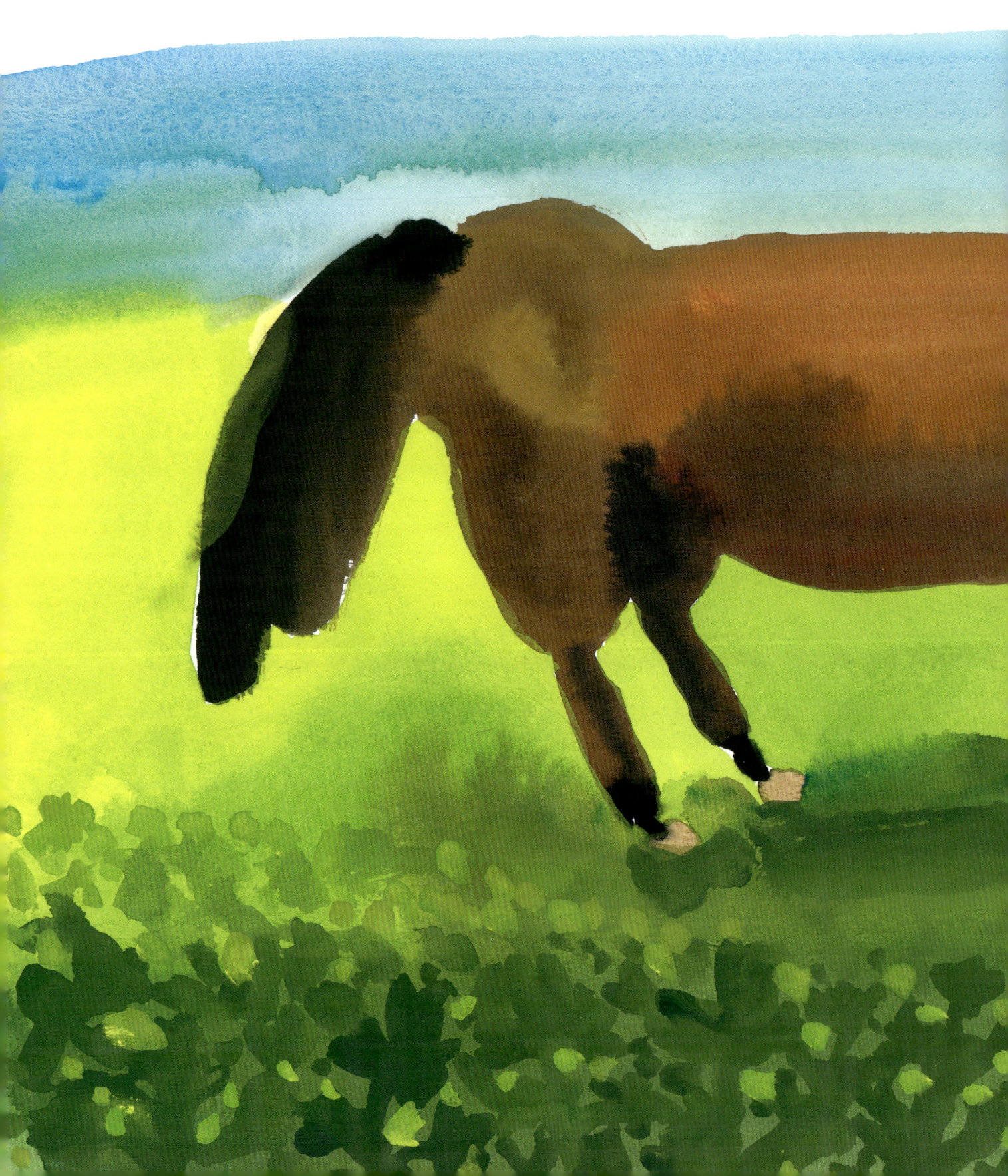

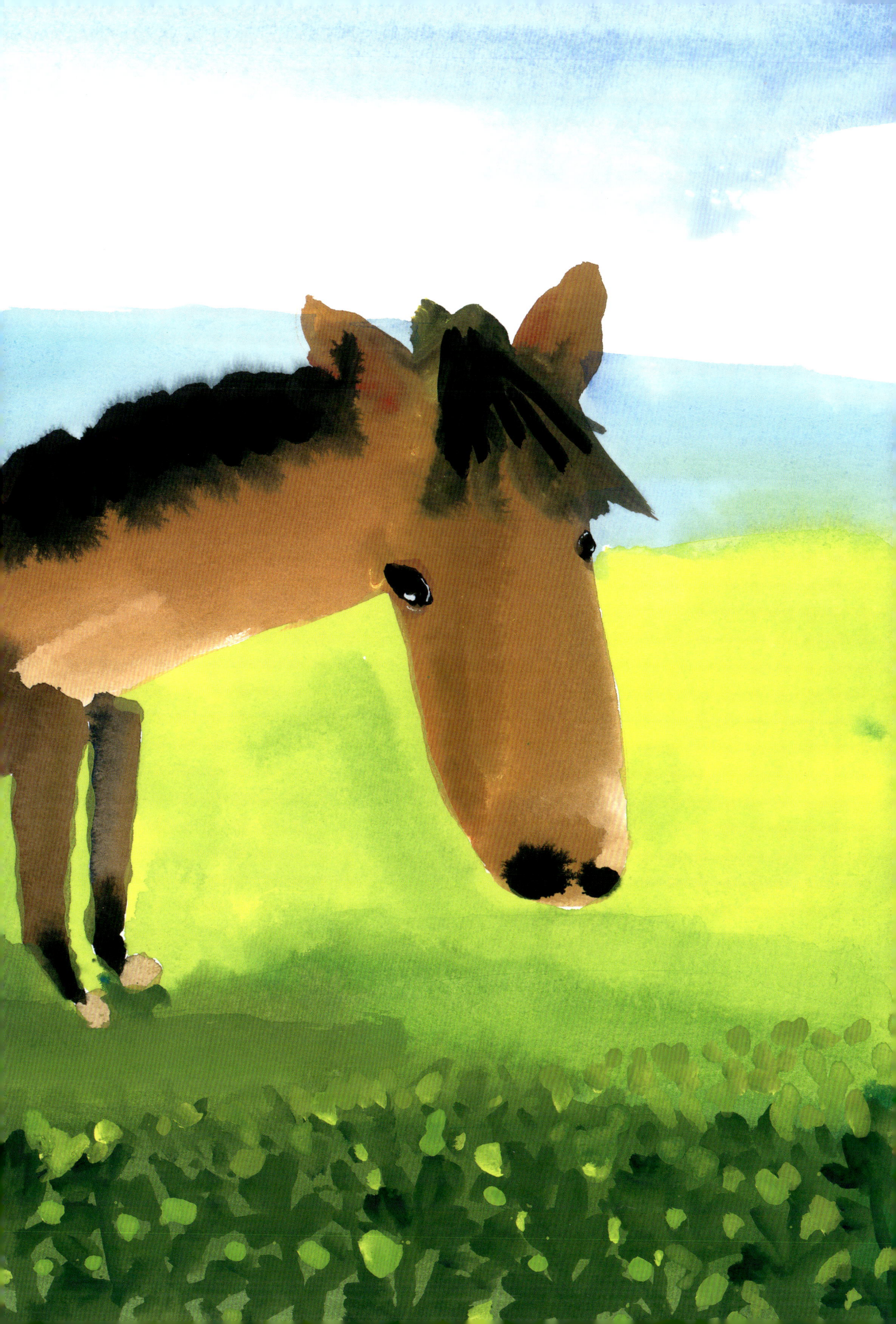

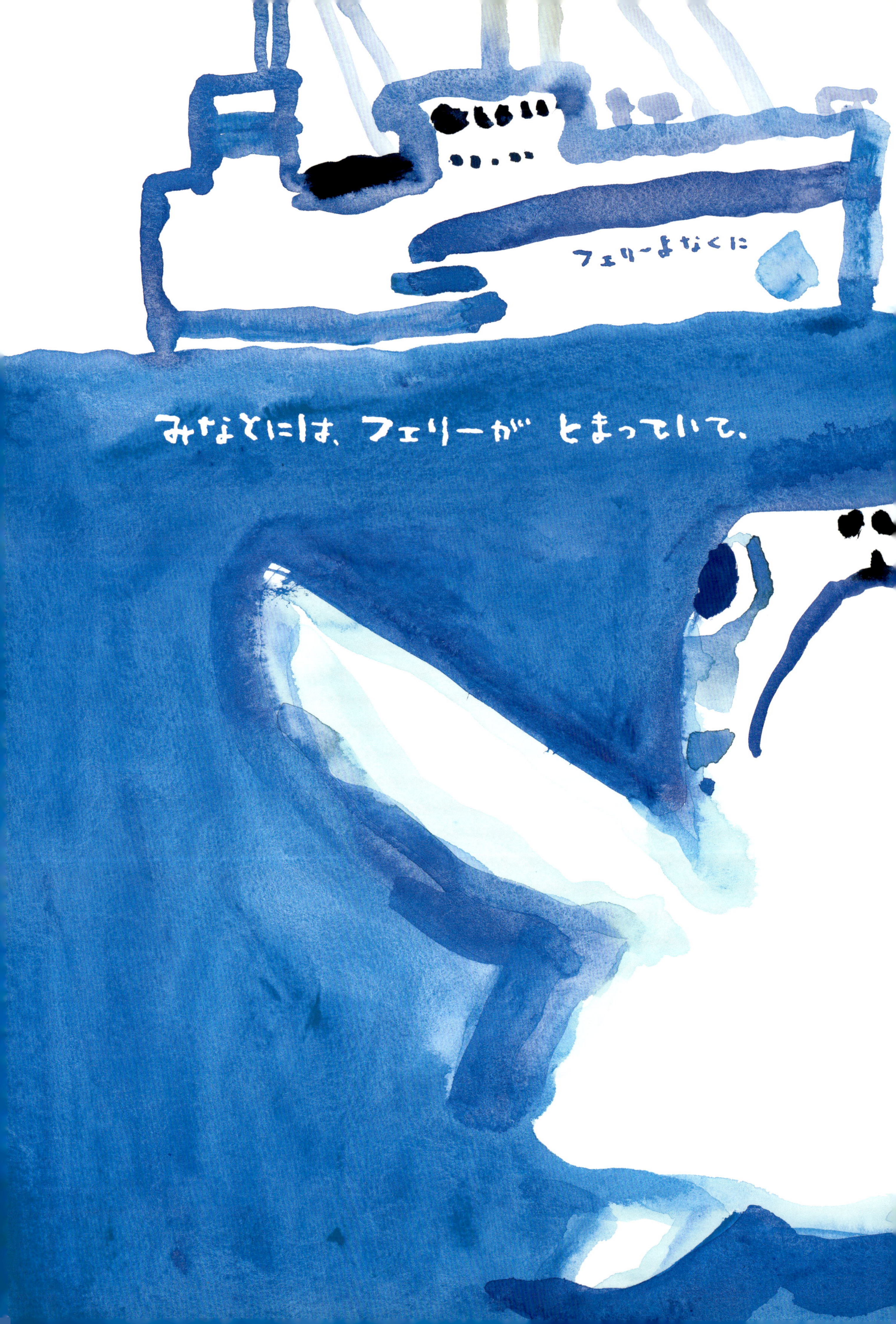

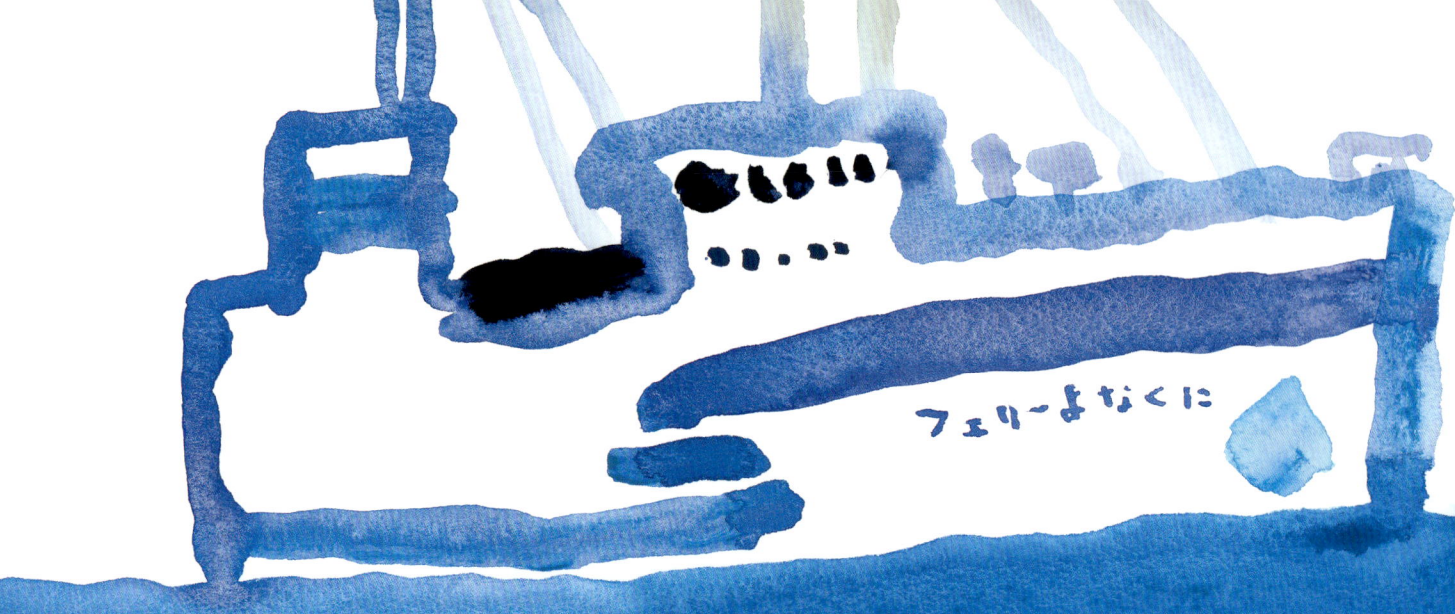

フェリーよなくに

みなとには、フェリーが とまっていて、

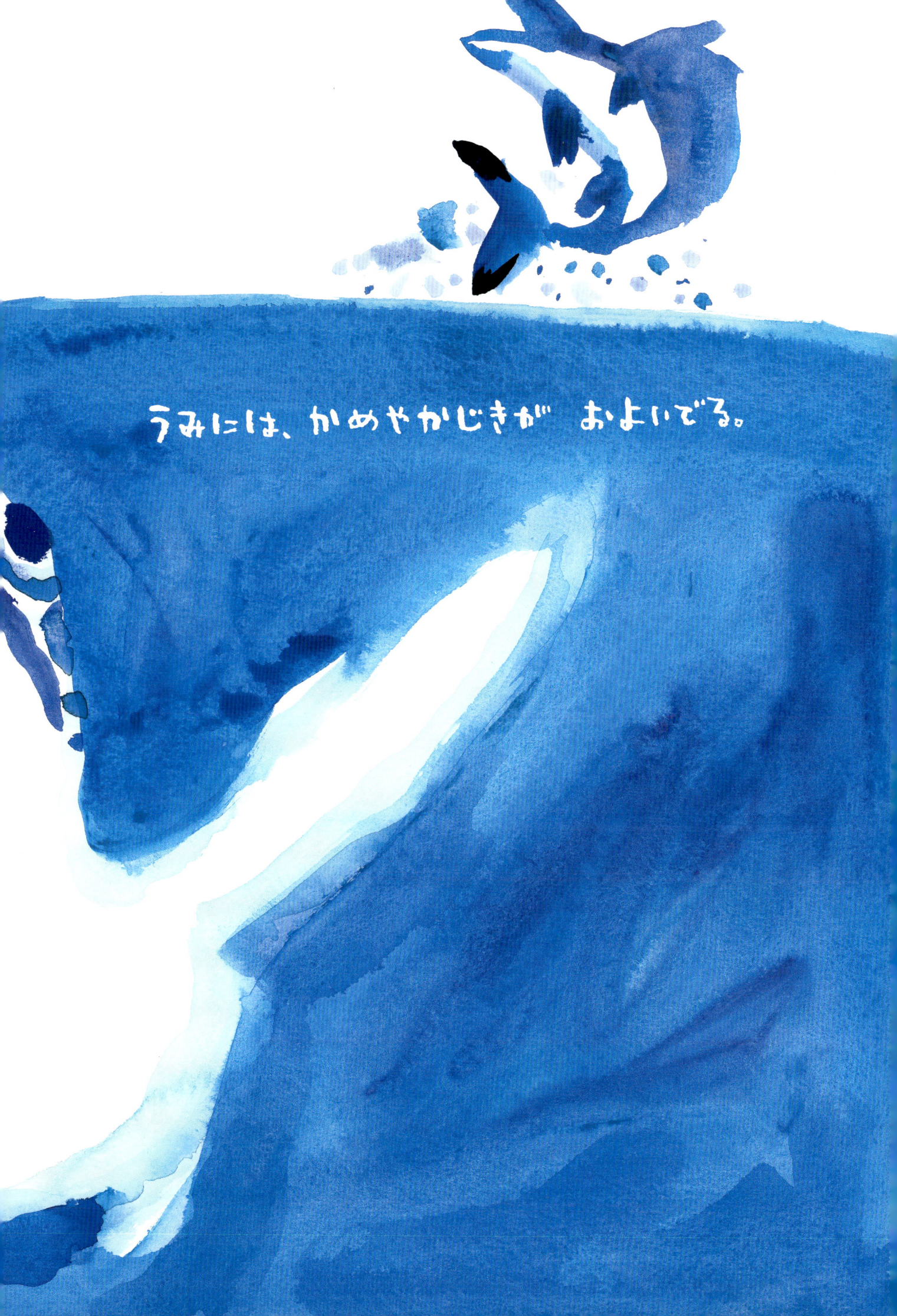

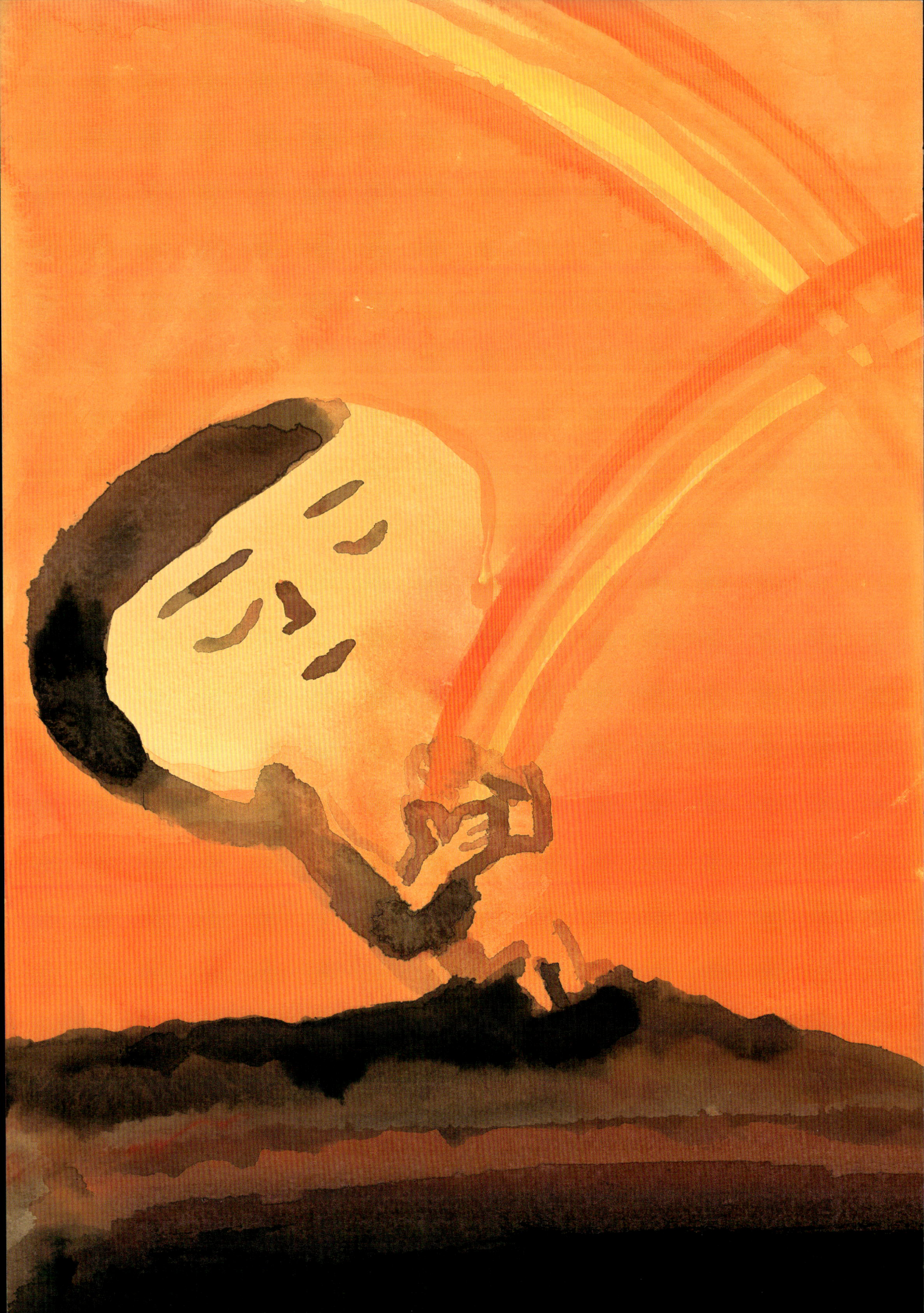

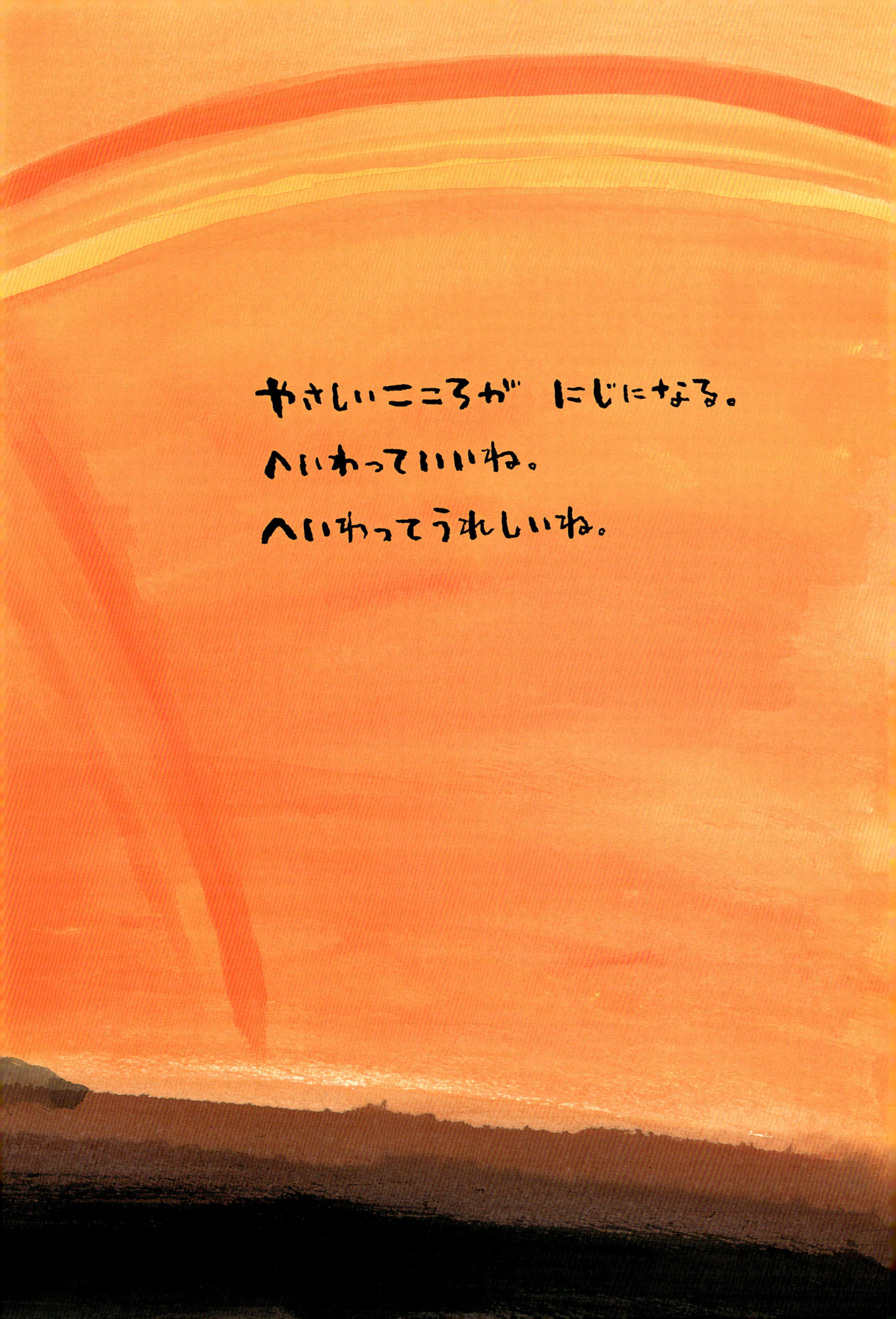

みんなのこころから、
へいわがうまれるんだね。

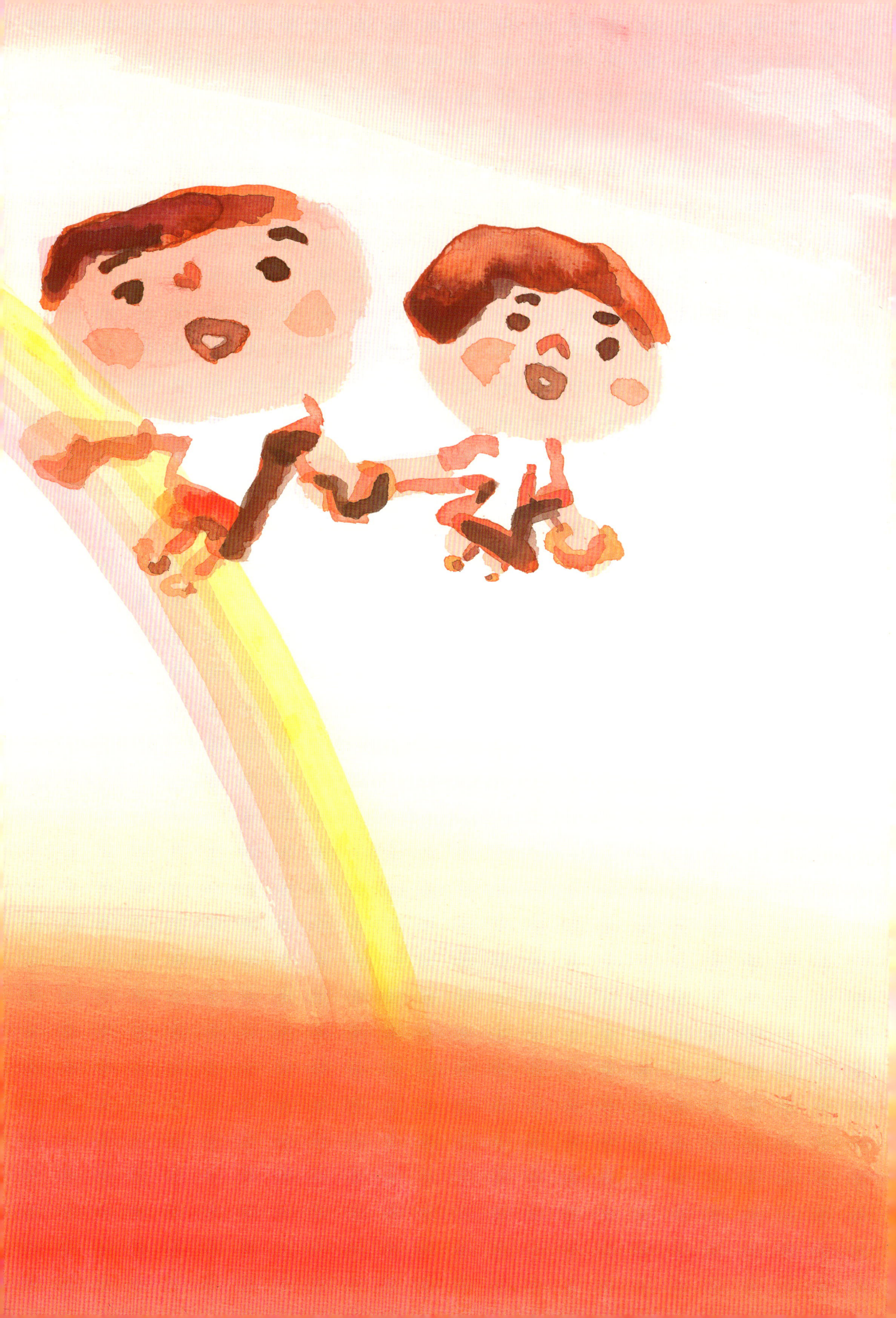

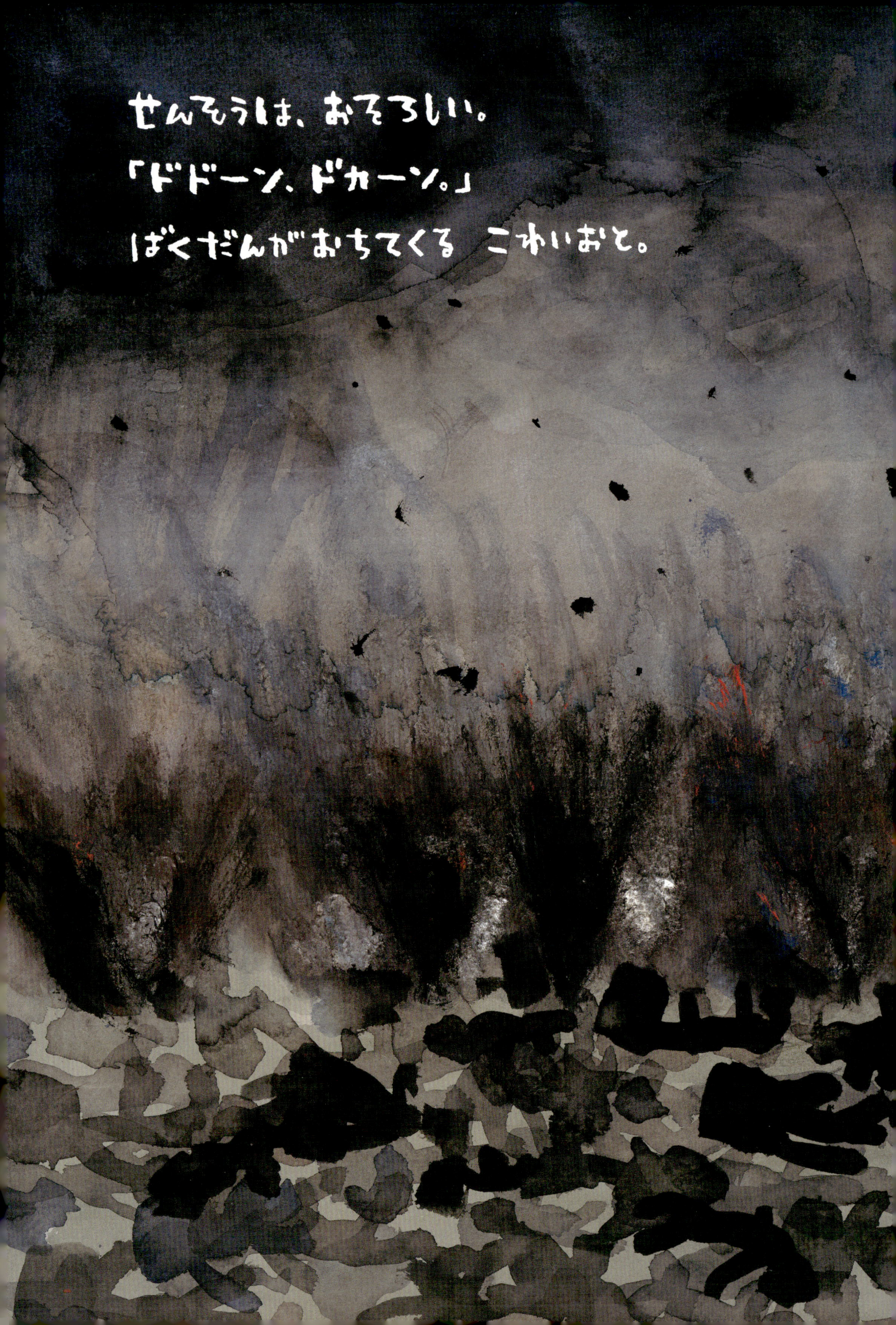

せんそうは、おそろしい。
「ドドーン、ドカーン。」
ばくだんがおちてくる こわいおと。

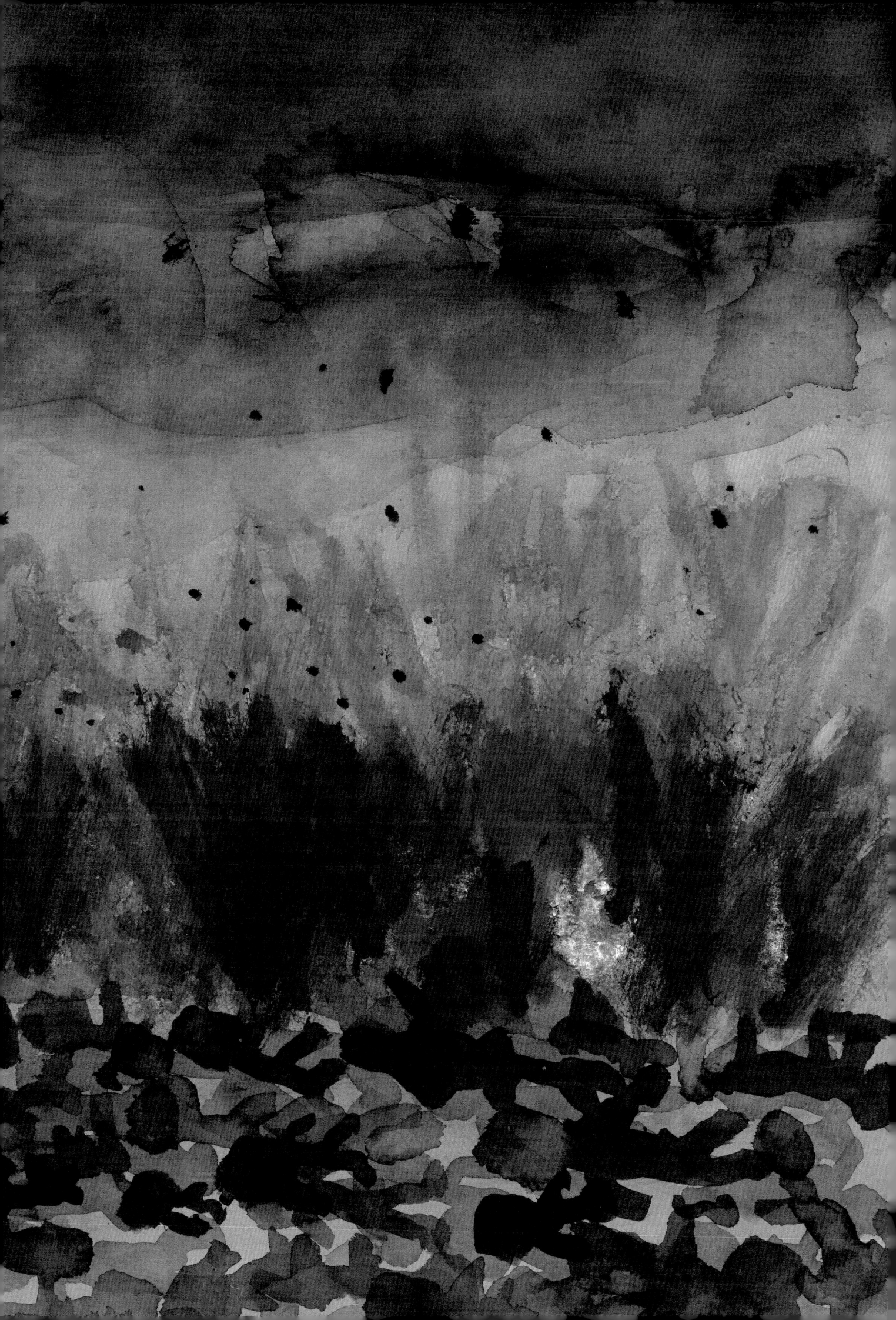

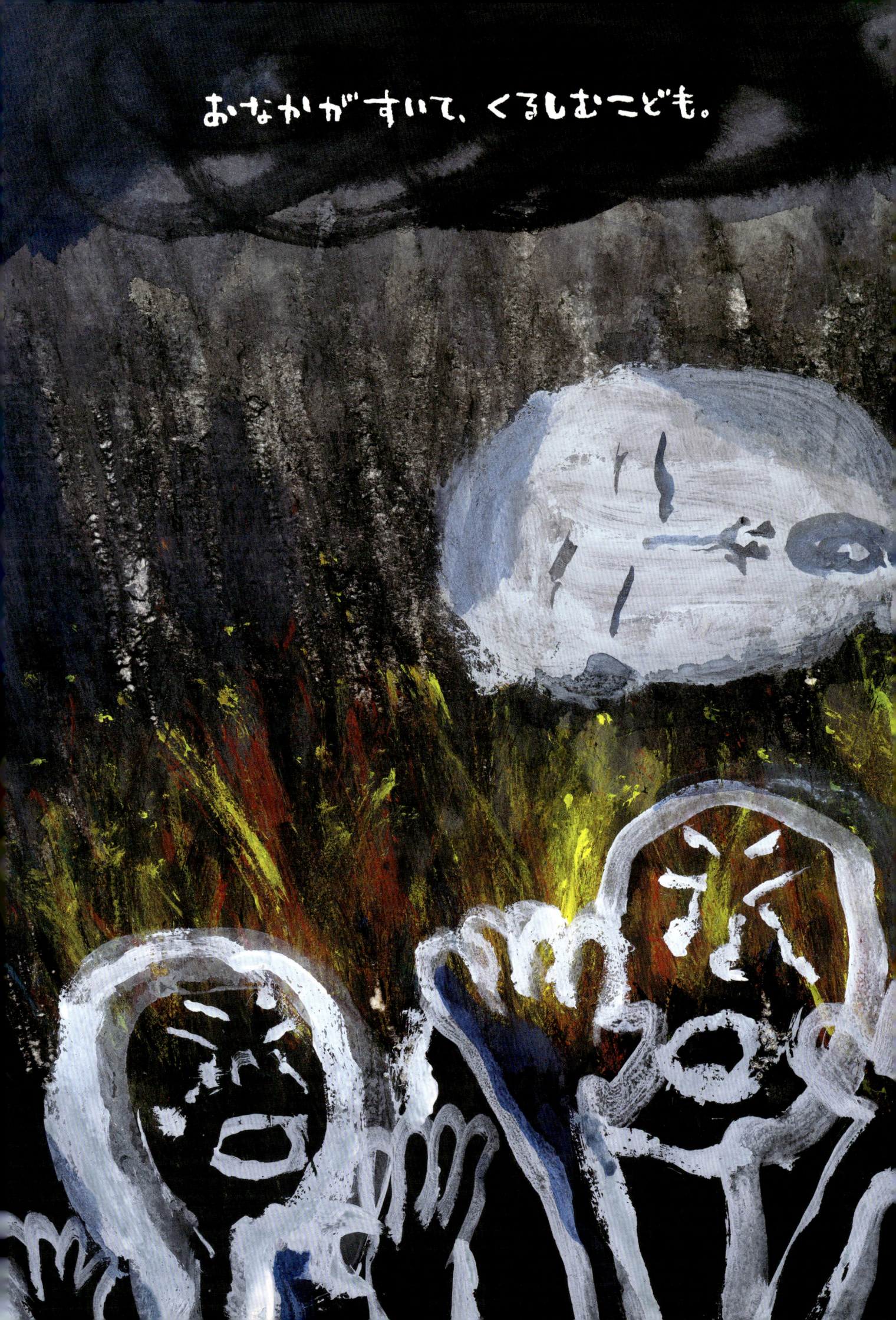

かぞくが しんでしまって なくひとたち。

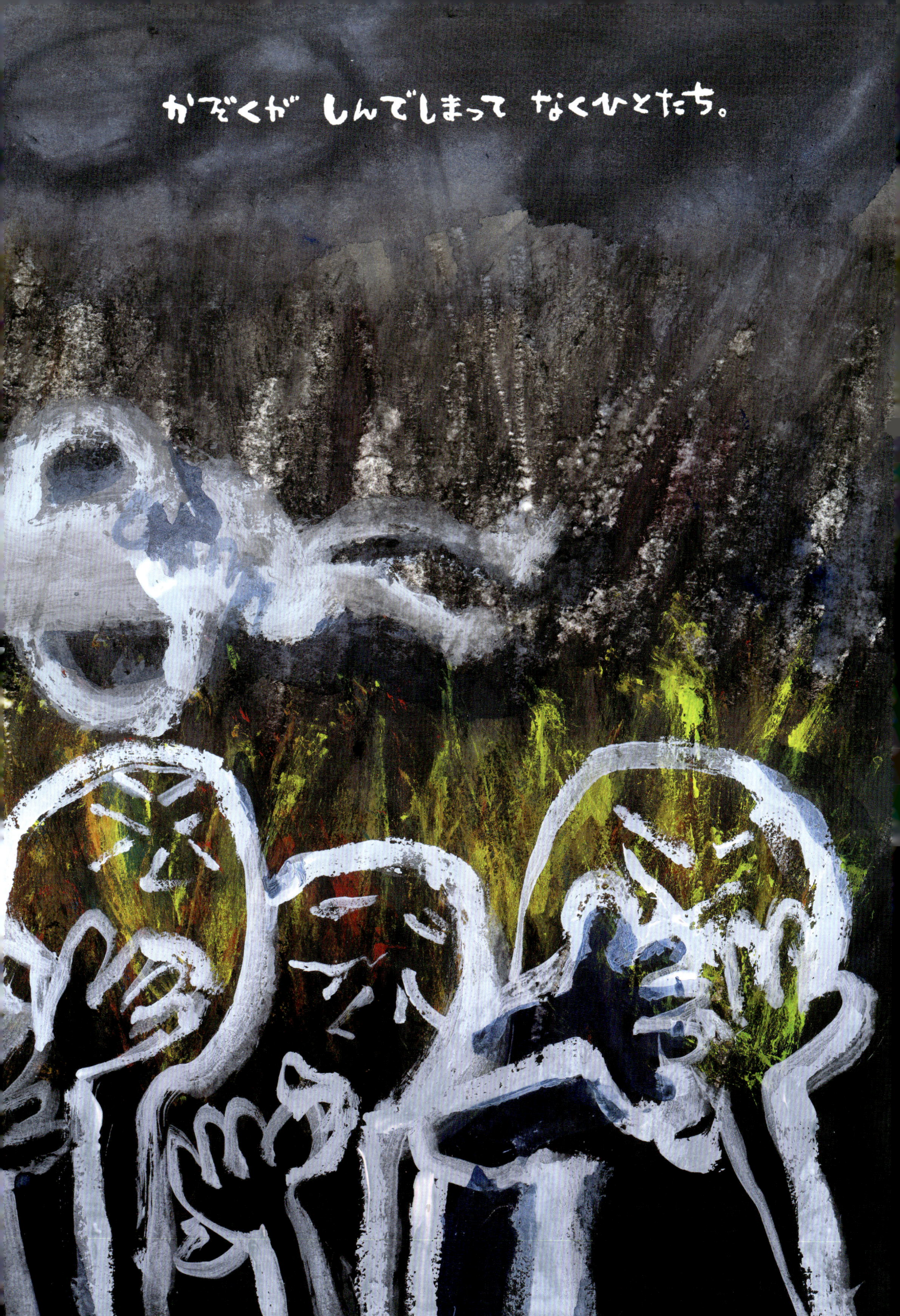

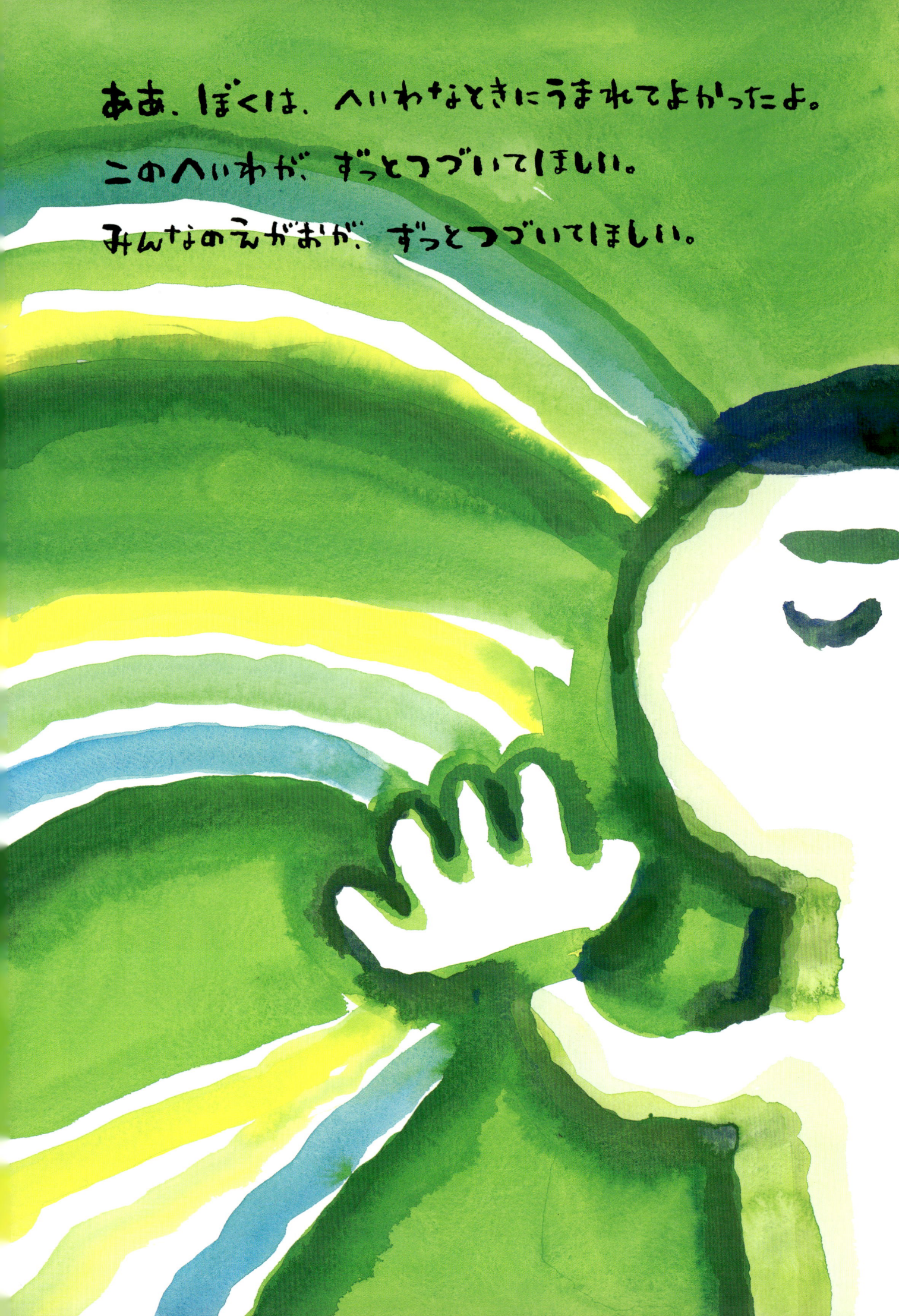

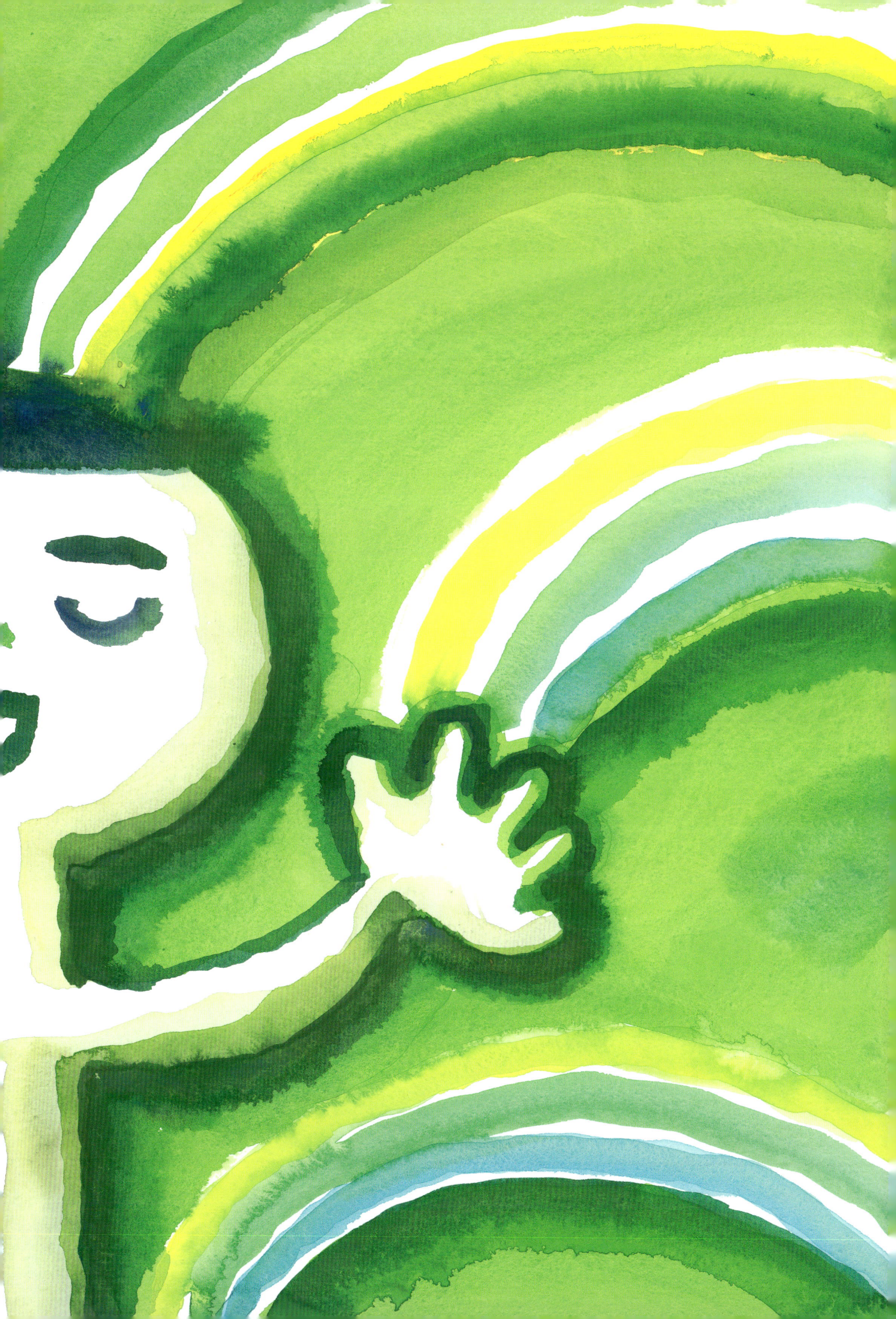

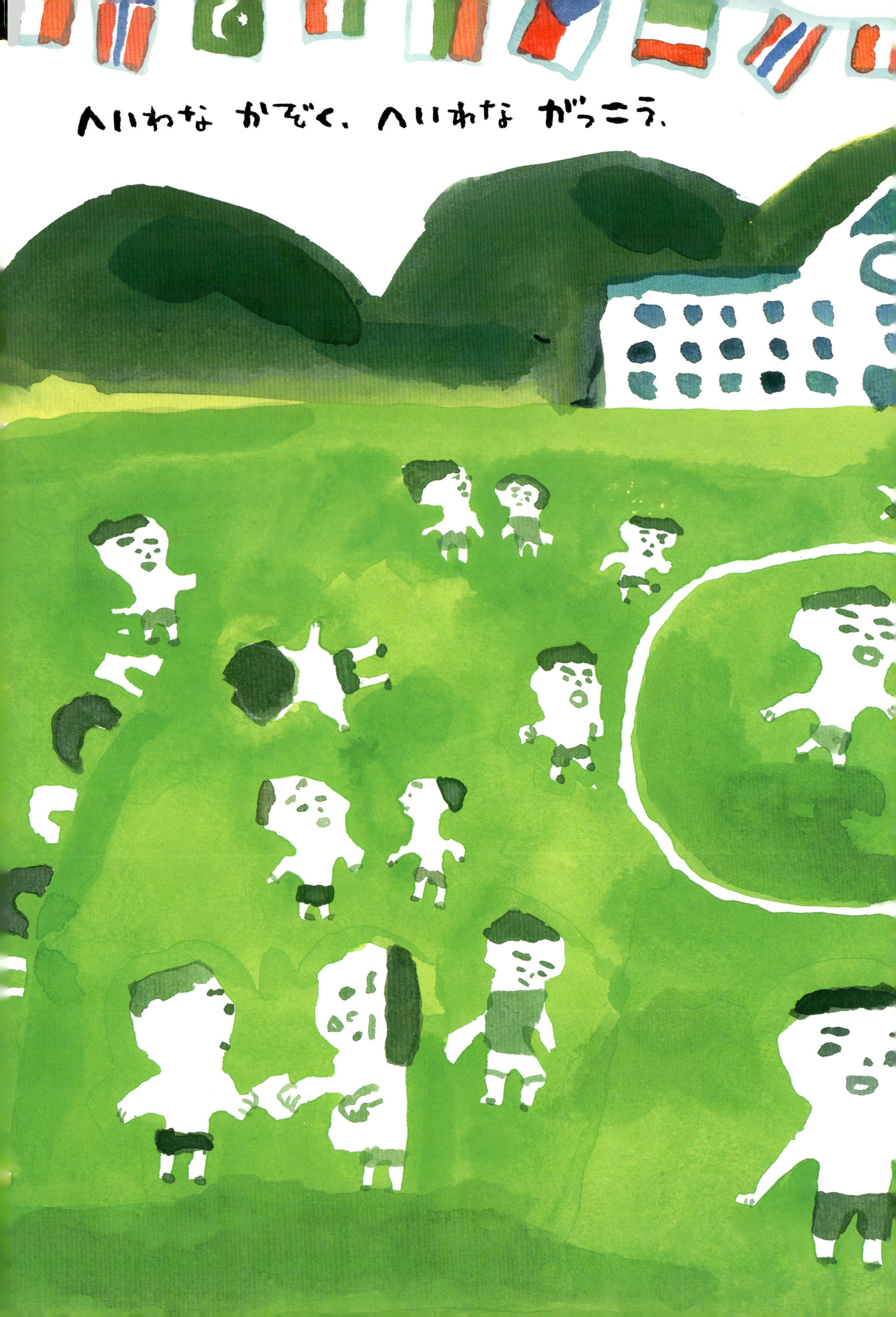
へいわな かぞく、へいわな がっこう。

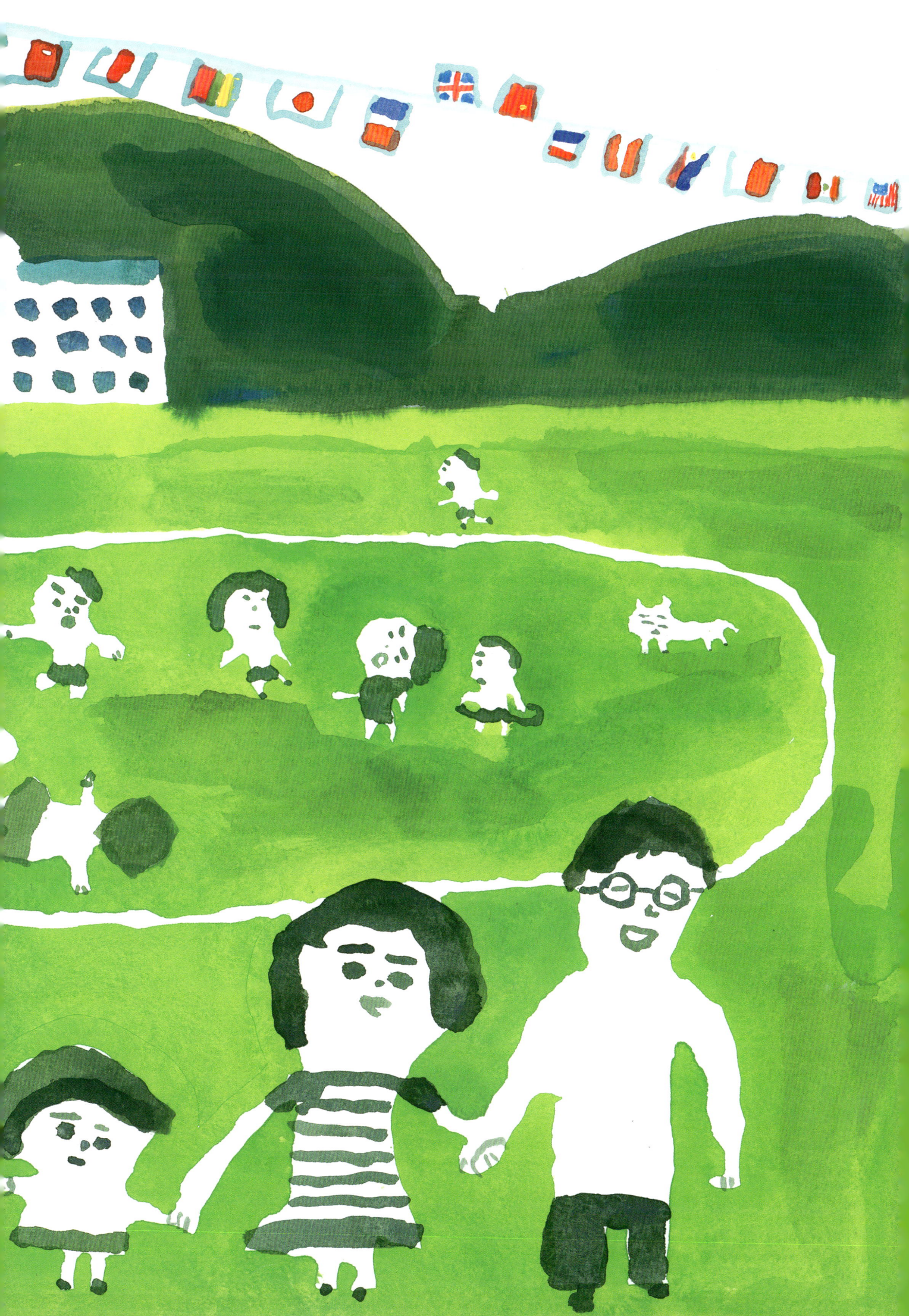

へいわな よなぐにじま、へいわな おきなわ、

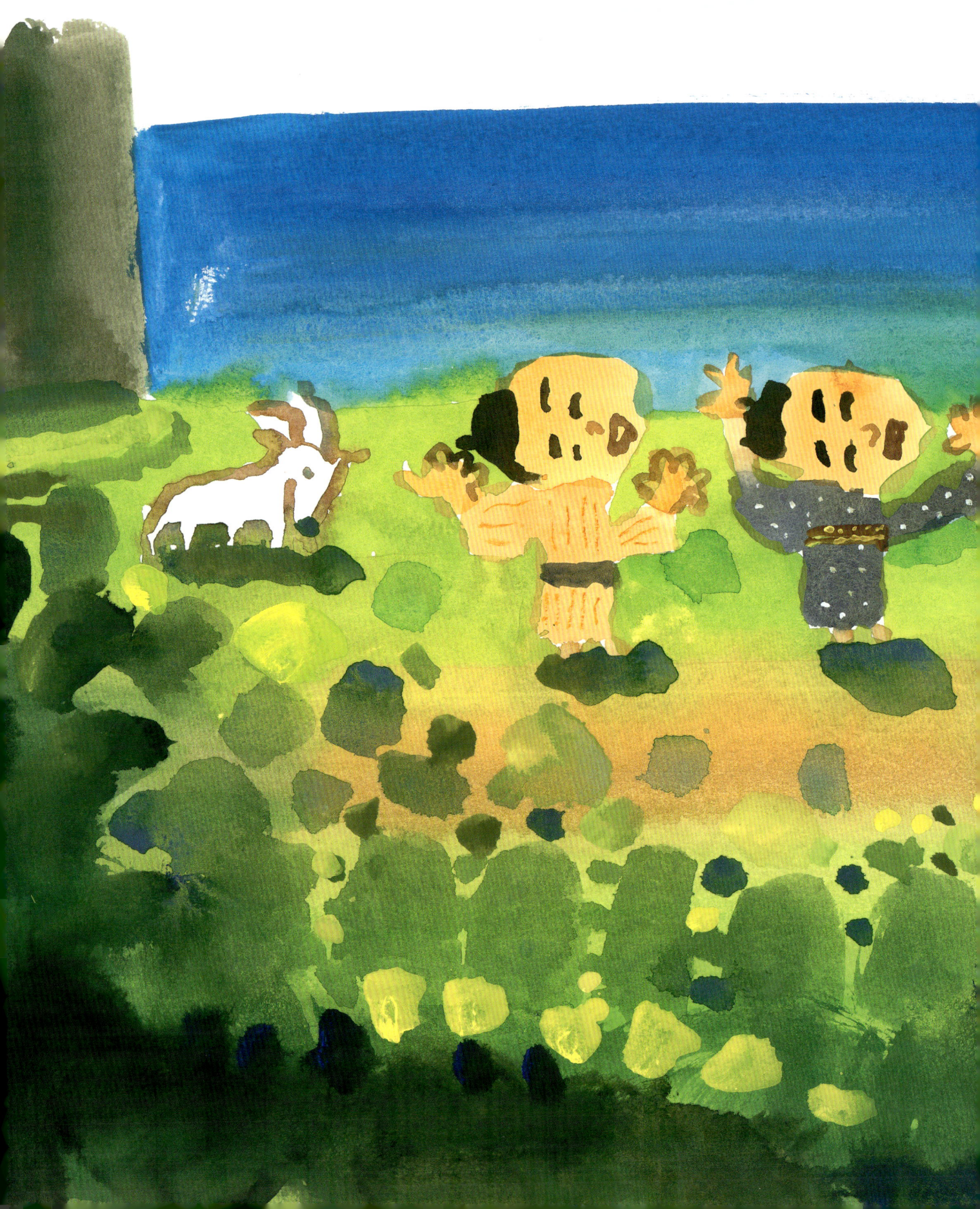

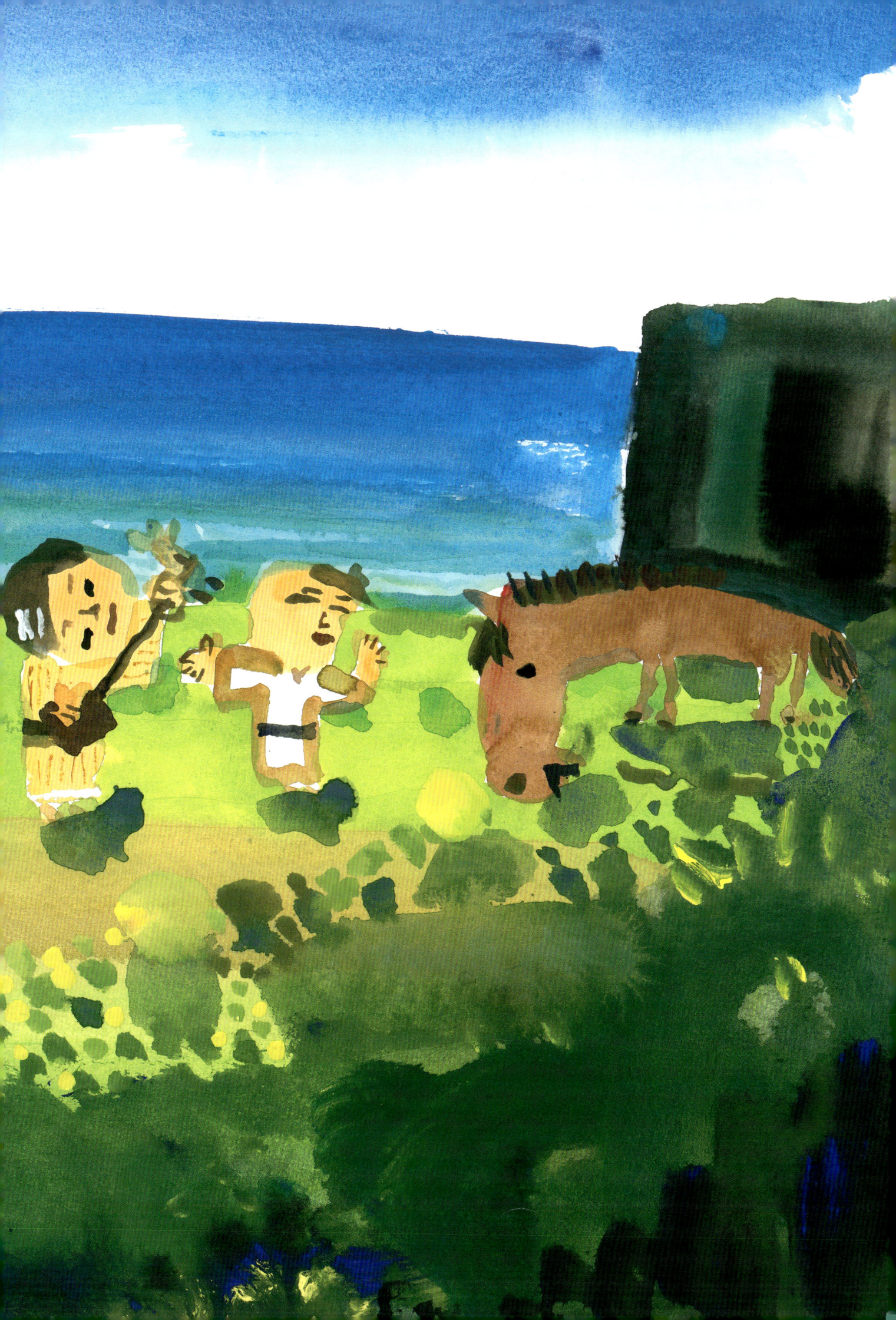

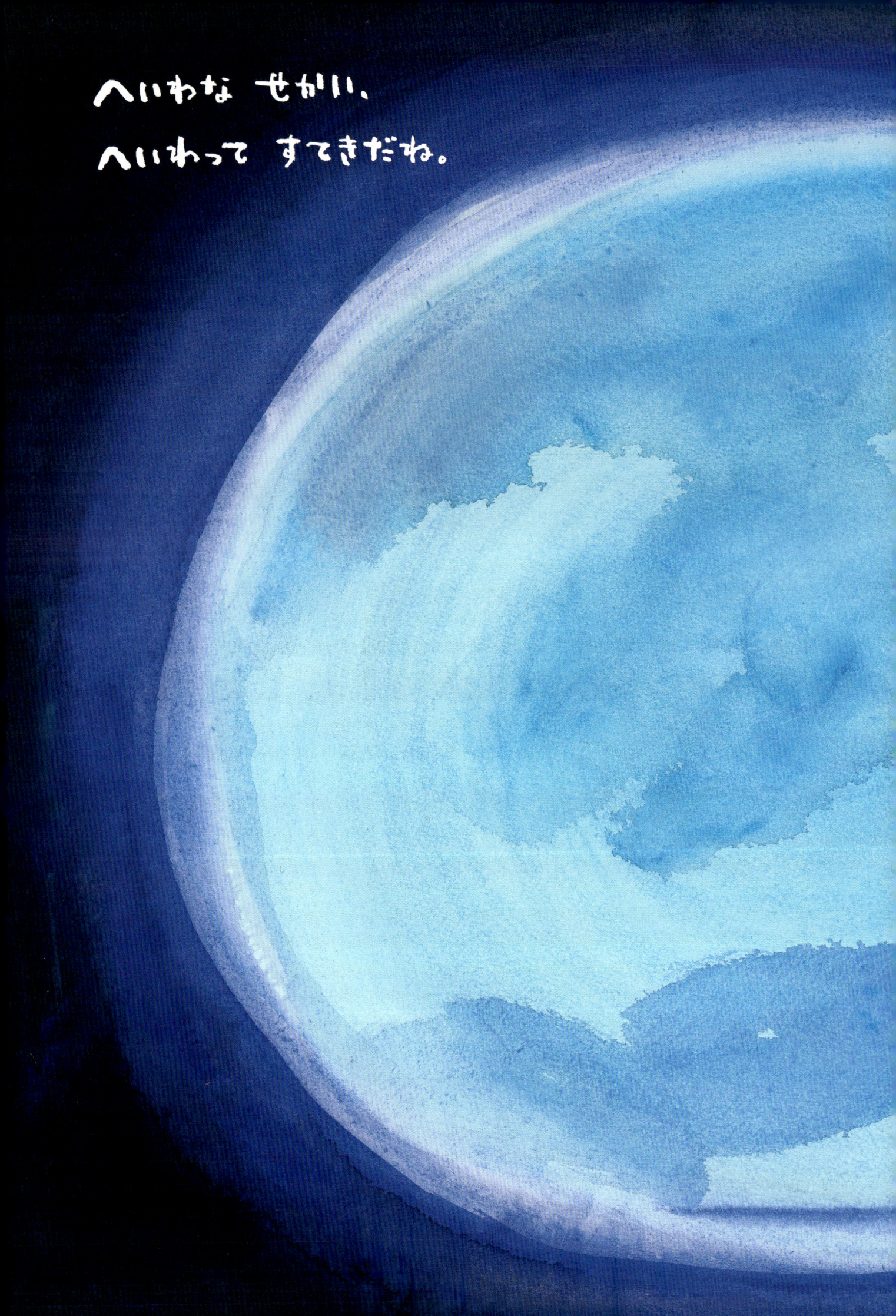

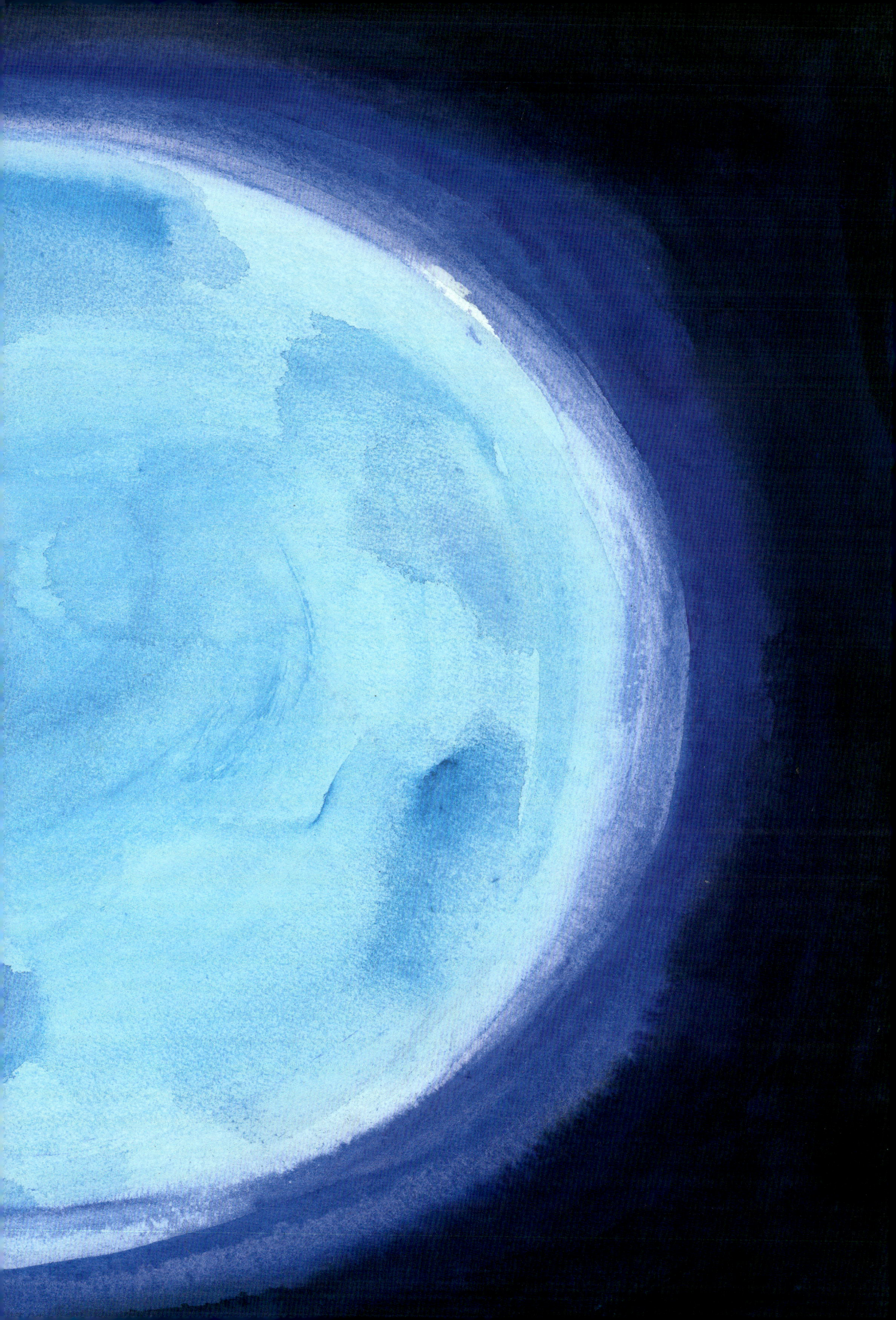

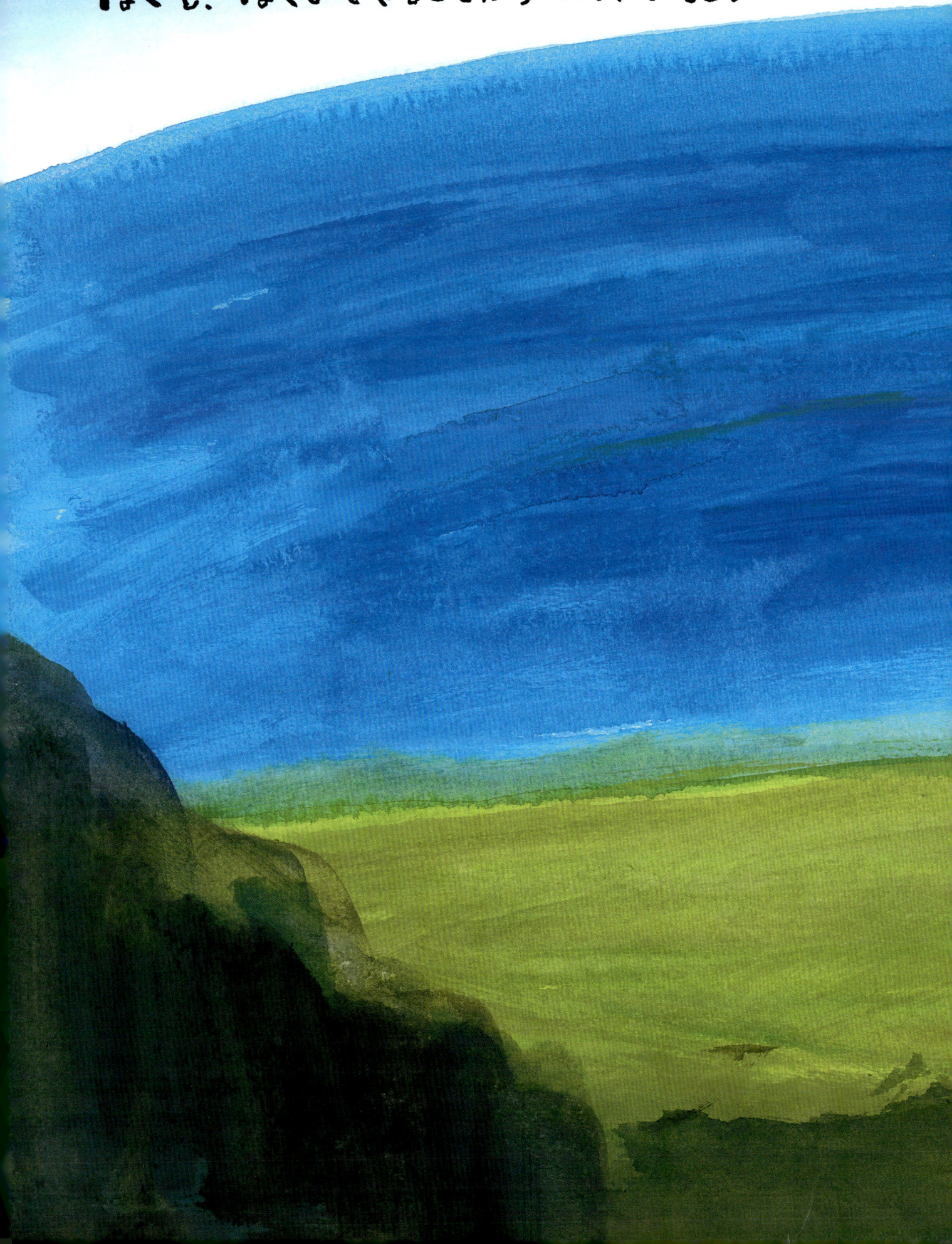

これからも、ずっと へいわが つづくように
ぼくも、ぼくのできることから がんばるよ。

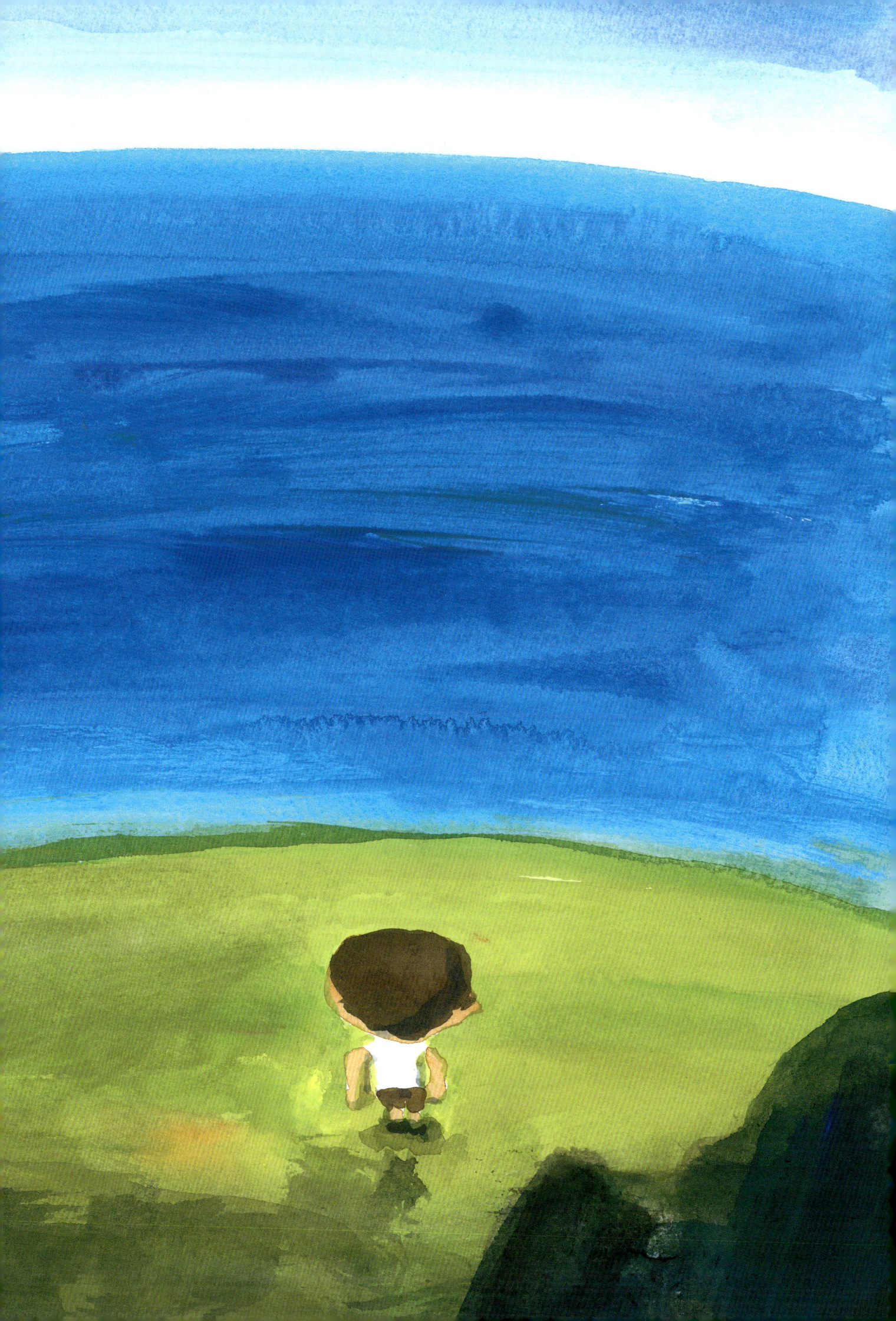

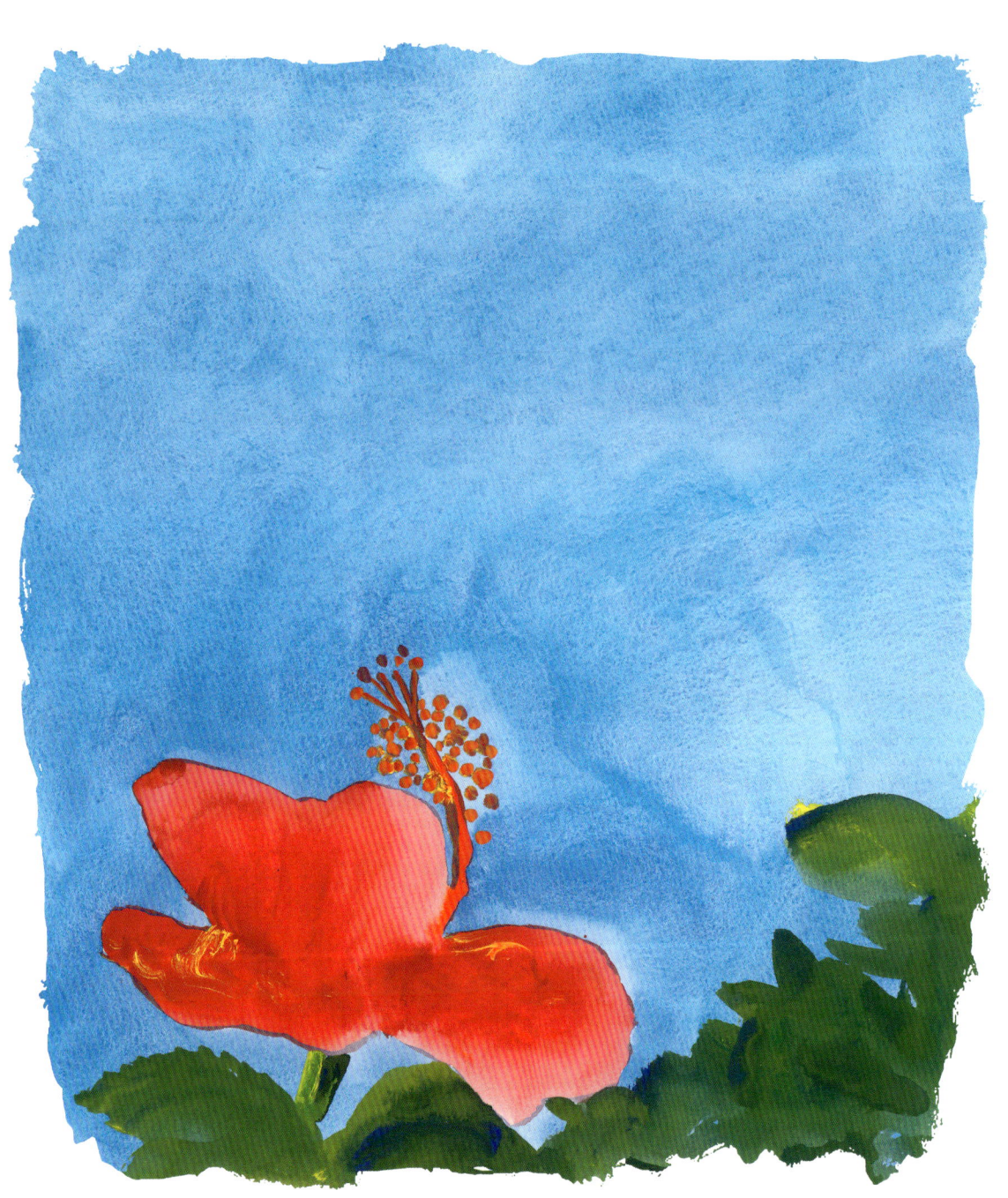

あとがき

この詩は、日本の一番西にある、沖縄県与那国町立久部良小学校１年生の、安里有生くんが書いた「へいわってすてきだね」という詩です。
沖縄県平和祈念資料館がつのった「平和のメッセージ」によせた詩です。
2013年６月23日、沖縄平和祈念公園での「沖縄全戦没者追悼式」で安里くんが朗読しました。
それを見て聞いて、沖縄のおじい、おばあが、涙をながしたそうです。
小学１年生の男の子が書いた平和への思い。純粋で、素直で、力強い、まっすぐな願いの誓いの詩を、いまの日本に、そして世界の人々に、ひとりでも多く伝えたい。
その年の９月、ぼくは安里くんに会いに、与那国島をたずねました。
そこは、この詩のとおり、長命草がたくさんはえ、与那国馬がヒヒーンとなく、青く美しい、光まばゆい、風吹く、そして、のんびりした、おだやかなところでした。
「このへいわがずっとつづいてほしい」という安里くんの思い願いを、そのまま感じました。
安里くんのご家族は、やさしく迎えいれてくれました。
翌日、久部良小学校で、安里くんと子どもたちに、ぼくは絵本を読みました。校庭に出て、校舎の前の階段に腰かけて、安里くんと話しました。歳はずいぶん離れているけれど、ぼくは安里くんに友情を感じました。
また会おうね、とお別れして、島の小さな飛行場に向かいました。９月でも痛いような陽ざしのなか、飛行機に乗りこもうとしたときでした。見送りデッキから、手をふってくれる、安里くんと安里くんのご家族が見えました。この島の、あの友の、思いを、願いを、しっかり描かねば。
いかなる理由があるにせよ、いえ、理由なんてないのです。人々を殺し、傷つけることは、まちがいです。あの子たち、この有生くんたちを、戦争という名の、残酷で恐ろしい殺し合いに、巻きこんではいけない。
そのことを、そのごくあたり前のことを、光のなかに生まれてきた一人の少年が、ぼくたちに教えてくれているのです。

長谷川義史